„AUFGELESEN"

HEITERES
ERNSTES
GEREIMTES
GESCHRIEBENES

Hans Jürgen Domnick

Bibliografische Information der Deutschen Nationalbibliothek:
Die Deutsche Nationalbibliothek verzeichnet diese Publikation in der Deutschen Nationalbibliografie, detaillierte bibliografische Daten sind im Internet über dnb.dnb.de abrufbar.

© 2024 Hans Jürgen Domnick

Verlag:
BoD • Books on Demand GmbH, In de Tarpen 42, 22848 Norderstedt

Druck:

Libri Plureos GmbH, Friedensallee 273, 22763 Hamburg

ISBN 978-3-7597-8767-5

Autor: Hans Jürgen Domnick, geboren 1938 in Königsberg/Ostpreußen, heute wohnhaft im norddeutschen Stade, war über fünfzig Jahre in seinem Beruf als Außenhandelskaufmann auch Weltreisender und teilnehmender Beobachter. Erlebnisse, Erfahrungen und Begegnungen mit außergewöhnlichen Menschen finden sich in seiner Autobiografie sowie in seinen Romanen, Erzählungen und ‚Short Stories‘, die Gedanken und mögliche Geschehnisse aus dem ‚Leben‘ aufgreifen und die der Autor seinen geneigten Lesern zu eigener Überlegung und Lesefreude anbietet. Das nun vorliegende Buch „AUFGELESEN" beleuchtet in kleinen Episoden Heiteres und Besinnliches - Anstöße dazu im Lauf der Zeit gefunden, eben aufgelesen, und dann bearbeitet oder gestaltet. Das Geschriebene, in Betrachtungen oder kurzen Essays, wird ergänzt durch eigene Reime und Verse, die zumeist mit einem ‚Augenzwinkern‘ zu verstehen sind. Zu guter Letzt dürfen einige Gedichte nicht fehlen, vielleicht so etwas wie Lieblingsgedichte, die den Autor seit der Schul- und Lernzeit begleitet haben - oft verschüttet doch nie verschwunden. Darunter - auch wenn nicht jedem alle Sprachen geläufig sein mögen - findet sich je eines in Englisch, Französisch und Spanisch, sowie das wohl bekannteste Lied aus Indonesien, alles ist reine Poesie.

SEELENSCHOKOLADE

(Der Begriff entstammt wohl einem
Aphorismus von Georg Christoph Lichtenberg,
Physiker, Naturforscher, Mathematiker,
Schriftsteller)

Irgendwo habe ich diesen Ausdruck

einmal gehört oder gelesen - was ist

sie, was tut sie? Ich meine, Georg-

Christoph Lichtenberg hat sie vor

langen Jahren erwähnt - beschrieben.

Vor langen Jahren? Aber heute - wo ist sie, die ‚Schokolade für die Seele'? Ja, wo ist die Seele selbst?

Vielleicht ist Seele ein etwas aus der Mode gekommener Begriff. Ich schaue einmal bei ‚Google' nach und finde in 0,09 Sekunden die Zahl von 15.400.000 Einträgen über die Seele, das raubt mir fast den Atem - so viel, so schnell - ja, zu viel und zu schnell, denn die Seele scheint in der alltäglichen Hektik heute fast wie verschüttet, wenn nicht gar ganz verloren zu sein.

Ich denke -

Die Welt heute ist nicht gut, sie ist in keinem guten Zustand.
Es gibt Hunger und Durst.
Es gibt Überfluss, Verschwendung und Gier.

Es gibt Kriege und tägliches Blutvergießen.

Es gibt Frevel an Mensch und Natur. Der Mensch selbst ist dabei, und das wider besseres Wissen, die Natur, die Erde - sich selbst - zu zerstören.

Es gibt unermessliche Dummheit, jedes Augenmaß scheint verloren, kein Innehalten, keine Muße, kein Nachdenken - immer größer, immer schneller, immer mehr!

Ist denn schon alles verloren, ist schon alles zu spät, haben wir uns selbst, haben wir unsere ‚Seele‘ vergessen?

Mir fällt der alte Spruch ein - wohl aus der Bibel - ‚Was nützt es dem Menschen, wenn er die ganze Welt gewönne und nähme doch Schaden an seiner Seele‘.

Doch aufgeben? Nein, das darf nicht sein, alle Hoffnung verlieren? Niemals!

Wie schwer die Zeiten dir auch immer erscheinen mögen, es gibt Erlebnisse, es gibt Augenblicke, da scheint so etwas wie die Seele ganz nahe bei dir zu sein ......

Du liegst auf einer Sommerwiese und siehst weiße Wolken über den blauen Himmel gleiten, du schwebst mit ihnen, deine Gedanken sind leicht......

Eine kalte klare Winternacht - du siehst auf zu den Sternen, unermessliche Weiten, du fühlst dich unendlich klein und doch verbunden, allein - alone - und das ist dann: ‚Alles in einem - all in one'......

Ich schaue aus 10.000 Metern Höhe aus dem Flugzeug hinunter auf Sand und Felsen einer Wüste oder auf die endlose Tundra Sibiriens - und mitten im Nichts plötzlich Wege - der Rauch eines Feuers - kleine Hütten und, kaum erkennbar, Menschen, Tiere - winzig und einsam - wer lebt da und wie und wovon, was machen die Menschen dort in der Einsamkeit? Mich berührt diese scheinbare Verlorenheit......

Ich besuche den Ort, an dem ich aufgewachsen bin, von nahen Hügeln sehe ich hinab auf die kleine Stadt, gebettet in Grün, von Seen umgeben - nirgendwo erfasst mich so ein merkwürdiges, fast vergessenes Gefühl - Heimat?......

Ich höre eine Melodie und sehe meinen Vater vor mir, schon fast neunzig Jahre alt, am Klavier, wie er dieses Lied aus seiner Jugend spielt......

Ich sehe meine Kinder, lange zurück, wie sie sich zanken, ich sehe mich, noch weiter zurück, wie ich meinen kleinen Bruder schlage und dann weine, weil es mir leid tut......

Ich gehe in einer Stadt spazieren und finde im kleinen Schaufenster einer Buchhandlung etwas, das so viele Jahrzehnte zurückliegt, ein Büchlein aus allerfrühester Kindheit ‚Wie Engelchen seine Mutter suchte‘, Bilder und Worte aus weiter Vergangenheit, tief vergraben im Gedächtnis und plötzlich wieder da - ein seltsames, ein schönes Gefühl......

Du gehst an einem Maitag unter blü-
henden Linden und dich erfasst die-
ser himmlische, süße, schwere Duft - ja,
‚unsterblich duften die Linden‘, oder,
wenn die Wiesen gemäht sind und die
Luft erfüllt ist von diesem wunder-
samen Geruch nach frischem Heu......

 In deinem Dorf stehen noch immer
die hohen Kastanienbäume mit den
reifen Früchten, darunter die blan-
ken, braunen Kastanien in den grün-
weißen Schalen - und dann der alte
Apfelbaum, auf den du schon vor
mehr als sechzig Jahren als Kind
geklettert bist und von den süßen
Äpfeln genascht hast, er steht immer
noch da, alt, verwachsen - ein Bild
aus langvergangenen Tagen. Und da
ist auch noch der Steinofenbäcker -
einen Augenblick einatmen - der Duft

nach frischem Brot - es dringt tief und weckt unbestimmte, doch schöne Erinnerungen......

Die vielen Reisen - Indonesien, der fremdartige, doch süße und so typische Geruch nach Hitze, Nelkenzigaretten, schwelenden Bananenblättern......

Es ist heiße Mittagszeit, ich will einen Maler auf Bali besuchen und auf dem Weg zu seinem Haus gehe ich einem Flötenspiel nach - ein Junge sitzt dort allein und spielt auf einer einfachen selbstgemachten Flöte eine fremde Melodie......

Melodie! Einer meiner Lieblingsfilme - „Das Boot" - der Kapitän (‚Na, Männer?') und sein Erster allein in der engen Kajüte, Stille, alles schläft, nur im Hintergrund leise ein Chanson -

eine Schallplatte dreht sich -
‚J'attendrai...' - so traurig, so verlo-
ren, so einsam......

Ja, und dann - du kommst von einer
langen Reise nach Hause, deine Frau
öffnet die Tür, nimmt dich in ihre
Arme „Da bist du endlich, Lieber"......

Und irgendwann findest du vielleicht
in einem Gedichtband auch wieder
die Zeilen:

Über allen Gipfeln ist Ruh.
In allen Wipfeln spürest Du
kaum einen Hauch.
Die Vöglein schlafen im Walde.
Warte nur, balde, ruhest du auch......

So bin ich, so bist du, so sind wir
gewandert und fanden diese
Augenblicke, alle scheinbar alltäg-
lich, jeder für sich klein und oft

übersehen und dennoch, sie berühren unsere Seele, sie sind die Schokolade, die die Seele erfüllt, ein Leben lang und vielleicht darüber hinaus.

NATURSCHUTZ VERKEHRT

(Den Spruch ,Schützt den Wald, esst mehr
Spechte' sah ich auf der Plane eines
Holztransporters)

Im dunklen Walde lebt der Specht,

hackt Löcher in die Bäume.
Aus seiner Sicht mit Fug' und Recht,
auch er hat seine Träume.

Denn Nahrung sucht er dort und
Halt,
dem Förster wird schon schlechte,
und der verkündet: „Schützt den
Wald,
ihr Leute, esst mehr Spechte."

Der Maulwurf ist ein scheuer G'sell,
man sieht ihn äußerst selten,
denn unten in der Erde drin
schafft er sich seine Welten.

Den Rasenfreund, den ärgern sehr
die Hügel dort im Garten
und er verflucht das kleine Tier,
will gleich Vernichtung starten.

Der frühe Vögel singt mit Lust
sein Lied aus voller Kehle,
ein Mensch der sagt sich, ‚welch ein
Frust,
dass der mich damit quäle!'

Voll Wut denkt er, ‚das darf nicht sein,
ich brauche meine Ruhe',
daher - weg mit dem Vögelein,
die Flinte aus der Truhe.

Die Biene - nützliches Insekt -
sie sammelt süße Sachen.
Wird sie dabei von uns erschreckt,
dann sticht sie - nichts zu machen.

Und mancher Dummkopf denkt sich
keck,
‚fort mit dem Tier, dem frechen‘.
Am besten alle Bienen weg,
dann kann auch keine stechen.

Es laufen Rehe auf der Straße,
da, wo die Autos rasen,
und anderes kleines Wildgetier,
Kaninchen und auch Hasen.

So mancher Autofahrer meint,
das sollte es nicht geben,
verbieten muss man solches Tun
in seinem Alltagsleben.

Die Qualle lebt im großen Meer
in ihrem Element.
Doch kommt der Mensch, den stört es
sehr,
wenn er sich mal verbrennt.

Er schimpft und zetert, ,So ein Mist,
warum muss es die geben?'
Vergisst dabei, dass er es ist,
der stört, wo Quallen leben.

Mit Schlangen ist es ebenso
die hält man für verschlagen,
für aggressiv ja sowieso -
doch dazu möcht' ich sagen:

Nur wenn ein Mensch erschreckt das
Tier,
das ruht allein und friedlich,
schnell beißt es zu und glaube mir,
erst dann wird's ungemütlich.

Die Pflanze hat es auch nicht leicht,
die doch nur wachsen wollte.
Schon kommt der Mensch und meint
sogleich,
dass er sie stutzen sollte.

Viel gibt es, was nur scheinbar stört,
der Mensch verbannen will.
Das ist natürlich ganz verkehrt
am besten, er ist still.

Wenn Tier und Pflanze denken
könnten,
dann wär's vielleicht entschieden –
Am besten alle Menschen weg
und endlich wäre Frieden.

IM METRONOM

(Der Metronom ist ein Bahnunternehmen in Norddeutschland)

Gestern fuhr ich im ‚Metronom‘

von Hamburg nach Cuxhaven.
Ganz ruhig war's, so wollte ich
einfach ein wenig schlafen.

Der Zug glitt sanft und leicht voran,
auf dem bekannten Gleise,
bis Buxtehude, aber dann
war's plötzlich laut statt leise.

Es nahte der Herr Kontrolleur,
der wollte Karten sehen.
Das klappte denn auch ziemlich gut,
doch bei mir blieb er stehen.

Dabei ging's nicht um mich direkt,
denn neben mir die Dame,
die wurde ebenfalls gecheckt
und Olga war ihr Name.

„Ich habe noch nicht Karte, denn
will ich im Zug bezahlen."
„Wo wollen Sie denn aber hin?"
„Noa, bis nach Bremerhaven."

„Wo aber stiegen Sie hinzu,
in Hamburg, Harburg, oder?"
„Ich weiß doch nicht, ich fahr doch
nur,
will ich nach Bremerhaven."

„Dann sind Sie eh im falschen Zug,
doch irgendwie wird's gehen,
Sie steigen in Cuxhaven um,
dann werden Sie schon sehen.

Das kostet fünfundzwanzig dann,"
sagt er und danach stoppt er.
„Waas? Nein! Das ist zu teuer mir,
da krieg ich Helikopter."

„Sie müssen aber, andernfalls,
will ich den Ausweis sehen."
„Nein, Ausweis kriegst du aber nicht,
dann will ich lieber gehen."

„Wo wohnen Sie denn eigentlich,
da, wo Sie immer schlafen?"
„Hab' ich vergessen und ich will
mit Zug nach Bremerhaven."

„Nun, Ausweis oder Geld, das muss,
was wollen Sie denn nun?
Ansonsten kommt die Polizei
und wird das Nötige tun."

„Ach, Polizei ist kein Problem,
die sicher lieb und nett zu mir."
Der Kontrolleur ruft über Funk
zwei Bahnbegleiter zu sich her.

Lautsprecher tönt im ganzen Zug
‚die Polizei zum Wagen drei'.
Und jeder hört es laut genug,
es ist noch lange nicht vorbei.

Zwei Mann, die beiden kommen schon
sehr eilig angeschritten,
um dann, nach langer Diskussion
sie um den Pass zu bitten.

„Ausweis ist hier, aus der Ukraine,
warum wollt ihr Papieren?
Ausweis gehört mir ganz alleine,
den will ich nicht verlieren.

Und Wohnung ist mir nicht bekannt,
ich sag doch, ich vergessen,
ich einfach schnell zum Zug gerannt
und dann nur hier gesessen."

Die Polizei, der Kontrolleur
beraten dann in Ruhe,
wie zu beheben das Malheur
ganz ohne viel Getue.

Und Olga ist auch gar nicht boes,
die Diskussion recht friedlich.
Sie lacht auch viel, doch gibt sie
nichts,
das Ganze ist fast niedlich.

So einfach fahren lassen kann
man keine Passagiere,
ganz ohne Fahrschein, ohne Geld
und ohne Wohnpapiere.

Den Preis verhandeln? Das geht nicht,
fahren zum halben Preise?
Der Kontrolleur kommt vors Gericht,
macht er's auf diese Weise.

Der nächste Bahnhof war erreicht,
da musste was geschehen,
raus aus dem Zug, zur Wache gleich?
Es war schon abzusehen.

Doch dann, in wenigen Sekunden,
war das Problem gelöst fürwahr.
Es hatten Menschen sich gefunden,
Olga zu retten - das war klar.

Das Fahrgeld wurde ausgelegt
auch ich gab meinen Obulus,
Olga war dankbar, aufgeregt,
und die Geschichte kam zum Schluss.

Ein ‚Happyend' hat es gegeben
für Olga's Fahrt nach Bremerhaven,
und das geschah im Alltagsleben
mit Menschen, die im Zug sich trafen.

Und als ich dann zu Hause war,
da hatte ich für mich entschieden
das Ganze war zwar sonderbar,
doch irgendwie war ich zufrieden.

WORTSPIELE

(In der Hamburger S-Bahn)

Ihr alle kennt das Wörtchen
‚striegeln‘.
Nimmt man das ‚s‘ weg, heißt es
‚triegeln‘.
Ich fragte schon bei vielen Leuten,
was hat denn ‚triegeln‘ zu bedeuten?

Da gab es oft ein Schulterzucken,
ein langes ‚in die Ferne Gucken'
und dann, nach vielem Überlegen,
‚Ich weiß es nicht' kam es verlegen.

Nun gut, das dachte ich mir schon
und griff beherzt zum Lexikon.
Doch Duden, Brockhaus,
Langenscheidt
die hatten nichts für mich bereit.

Ihr könnt es aber selbst erleben,
das Wörtchen ‚triegeln' muss es geben.
Weil, je nachdem, wo man grad bist,
es häufiger zu lesen ist.

Ach so - das will ich sagen nun
vielleicht hat's mit Musik zu tun.
Die Melodien kann es beflügeln,
ich denke, Noten kann man ‚triegeln‘.

Also, was hat es zu bedeuten,
das ‚triegeln‘ bei den Notenleuten?
Schon wieder seh' ich, ach - zum
Teufel,
selbst bei Experten große Zweifel.

Nun denn - so will ich jetzt bekennen
und die Erklärung für euch nennen,
die mir nach langem Überlegen
dann letztlich einfiel - welch ein
Segen.

So könnt auch ihr zu Nutz und
Frommen
eine Idee davon bekommen,
was mit dem ‚triegeln‘ - ohne Spaß -
gemeint ist und dann wisst ihr das.

Also - wollt ihr in Hamburg euch
bewegen
und nehmt die S-Bahn meinetwegen
und schweift der Blick dann so
umher,
seht ihr Reklame und noch mehr.

Mal geht's ums Hirn, mal um den
Bauch,
jedoch dazwischen liest man auch
etwas vom ‚triegeln‘, sieh nur zu,
ich kann es lesen und auch du.

Man sieht es an fast jeder Tür:
die ‚Noten-Triegelung‘ steht hier!
Ich las es einst und sintemalen
hab‘ lang ich überlegt mit Qualen,

wer ‚triegelt‘ da denn seine Noten,
spielt für die Lebenden - die Toten?
Kann man denn das Musikstück
hören,
will jemand uns damit betören?

Am Hauptbahnhof - ich war am Ziel,
als dann bei mir der Groschen fiel.
Ich musste raus - die Tür ging auf,
in dem Moment kam ich darauf.

Ein letzter Blick - und ein Verstehen,
jetzt konnte ich in Frieden gehen,
verließ die Bahn mit neuem Schwung,
das Wort war „NOTENTRIEGELUNG".

LICHTENBERG VERMISST STADE

(Georg Christoph Lichtenberg, Wissenschaftler, Astronom, Schriftsteller, wurde 1773 von König Georg III zu Vermessungsarbeiten nach Stade geschickt. Er hat in seinen sogenannten Sudelbriefen an Freunde recht Negatives über die Stadt gesagt, die er zunächst vermessen und später wohl auch vermisst hat)

Es war schon Herbst, aber ein wunderschöner, heiterer Tag, an dem ich über die Neubourgstraße zum kleinen Park dort am sogenannten Graben spazierte, gerade gegenüber der ‚Insel'. Kaum jemand war unterwegs

und eine Bank vor dem Wasser
erschien mir als ein sonniges
Plätzchen, auf dem ich mich dann
auch bald behaglich ausstreckte und
mit geschlossenen Augen die warmen
Sonnenstrahlen genoss. Vogelzwit-
schern, ferne Stimmen über dem
Wasser - ach - es war hier zu schön an
diesem Tag.

Nach einer Weile - ich weiß nicht, wie
lange ich dort schon gesessen haben
mochte - hörte ich leise Schritte
näherkommen und, aufblickend, sah
ich einen Mann neben mir stehen von
kleiner Gestalt und auf den ersten
Blick etwas - ich möchte sagen - alt-
modisch gekleidet.

„Darf ich mich ein wenig zu Ihnen
setzen?" fragte er und ich stimmte zu,
auch etwas neugierig.

„Ein angenehmstes Refugium hier, ich kenne es wohl, denn ich war vor langen Jahren einmal für einige Monate beruflich in dieser Stadt. Nun ist mit den vielen Jahren auch Vieles anders geworden – ‚tempora mutantur‘, vielleicht sogar eine leichte Veränderung der Luft auch, aber doch, ich erkenne Einiges wieder.“

Ich stimmte ihm lächelnd zu, als er fragte: „Ist es Ihnen recht, wenn ich um ein Kleines mit Ihnen plaudere? Ich frage besser, denn die Muße scheint den Menschen heute ja würklich abhandengekommen zu sein. Früher war es wohl weitläufig anders, man hatte Zeit und man musste auch Geduld haben, besonders als unruhiger Mensch, wie ich es mitunter war. Ich erinnere noch, damals, als ich das erste Mal in dieser Stadt eintraf, glauben Sie es mir, mit dem Schiff aus Hamburg, mitten in der Nacht und mit einer heftigen Influenza, die ich, wie auch die Seekrankheit, die mir der unruhige Elbefluss beschert hatte, an Bord mit englischem Ale zu kurieren versucht hatte. Und dann musste ich wegen niedrigen Wassers und widriger Winde auch noch um Einiges warten, bevor es an Land ging. Also diese Ankunft hatte mir meine Contenance und Geduld so übel strapazieret, dass ich auch in den späteren Tagen und Wochen meiner Travaillen hier alles oder das meiste negativ ansah.

Die Stadt an sich, die Straßen, die Menschen - ich weiß nicht - ich konnte dem allen hier scheinbar nur wenig

Gutes abgewinnen, jedoch wohl wissend, dass ein arger Teufel in mir arbeitete und ich Unrecht tat. Ja, meinen Freunden, wie zum Beispiele dem guten Dieterich und seinem Christelchen oder dem lieben Kalten-hofer, denen schrieb ich denn auch darob im Laufe meines wissenschaft-lich begründeten Aufenthaltes hier wohl an die sechzig Briefe. Und - glauben Sie mir - einige dieser Briefe haben die Zeiten überdauert und sind in der Tat sogar öffentlich gemacht worden, und so haben meine damaligen Epigrammata, was Land und Leute hier tangieret, seither wie die Erbsünde auf mir gelastet."

Ich hörte gespannt zu und wunderte mich im Geheimen über einige seiner Redewendungen und Wörter, die so gar nicht in die heutige Zeit passten. Der kleine Mann mit einem leichten Buckel, der durch passende Kleidung allerdings fast verborgen war, sah mich an und fragte erneut: „Ich dränge mich Ihnen doch nicht auf, mein Herr, mit meinen alten Geschichten? Aber irgendwie scheine ich dazu animieret zu sein, mich Ihnen mitzuteilen."

Sofort bat ich ihn, fortzufahren mit seinen Gedanken und Erinnerungen und nach einer kurzen Überlegung schien er sich über meine Zustimmung zu freuen und begann wieder: „Und im Übrigen gehet man immer davon aus, dass ich sechzig oder zweiundsechzig Briefe über diese Stadt verfasst habe, was jedoch mitnichten korrekt ist, denn es waren nämlich -

und mein Gedächtnis trügt mich da kaum - mindestens fünfundsechzig, und gerade in den letzten Observationen habe ich ein ganz anderes Resümee über die Stadt und ihre Bewohner gezogen und das war durchaus ein Positivum. Glauben Sie mir nur. Langweile ich Sie?" warf er erneut ein, was ich sofort verneinte, denn ich empfand dieses Gespräch beziehungsweise seinen Monolog einem Unbekannten, also mir, gegenüber, als äußerst angenehm und interessant, ebenso wie die recht merkwürdige Art seiner Sprache und ich wunderte mich insgeheim, wen ich da vor mir hatte.

„Sie mögen davon gehört haben, aber darob später vielleicht ein wenig mehr. Nun gut, der Wind vom fernen

Meere her war zuweilen sehr widrig, besonders für meine Augen, da hatte man mir schon geraten, Quecksilber-kuren zu gebrauchen, aber, und dies soll nicht etwa meinen Beratern gegenüber malhonette klingen, eine Quecksilberkur, nein, lieber doch galant gestorben als ungalant Quecksilber gebraucht" - er lachte vor sich hin - „nun ja, dazu kam meine Influenza, an der ich lange labo-rierte, auch noch bei einem Ausfluge nach dem dänischen Helgoland, ein gar abenteuerliches, ja, geradezu teuflisches Unterfangen, zu dem ich überredet wurde und das ich mir somit zugemutet hatte. Ansonsten meinte ich immer, der Wind sorge für frische Luft und Erleichterung.

Und nach meiner Seereise war ich letztlich doch froh, wieder in diesem Städtchen zu sein und je länger mein Aufenthalt hier andauerte, umso mehr kam ich zu der Überzeugung, ganz im Gegensatz zu meinen ersten Eindrücken, dass es mir selten irgendwo mehr gefallen hat als hier. Als Astronom der Universität Göttingen war ich von König Georg III beordert worden, für die Karten der Kurhannoverschen Landesaufnahme anhand der Sternbilder die geographischen Positionen von Hannover, Osnabrück und dieser Stadt genauestens zu bestimmen und das hielt mich hier für über sechs Monate fest. Diese Ruhe außerhalb der mir auferlegten Offizien, keine Theater, die mich ablenkten, keine sogenannten Akademiker, die mir immer dreinreden wollen, keine Schriftsteller, die sowieso alles besser wissen. Nur freundliche, einfache Menschen, die arbeiten, fleißig ihre Pflichten tun, Straßen und Gassen ab und zu koloriert durch Soldaten in ihrem bunten Habit.

Und die wenigen vornehmen Leute der Stadt, einige schienen sogar recht gebildet, kümmern sich um alle Probleme, lösen sie und legen erst einmal alles zum Guten aus. Ein Bild blieb mir lange vor Augen, so recht dem wahrhaftigen einfachen Volke angemessen, das heimliche Lächeln - nur für sich selbst bestimmt - eines Hirten, der seine Herde glücklicher Schweine zur Schwemme am Hafen führte - des Volkes wahrer Himmel!

Manche Menschen wunderten sich im Übrigen schon, was ich in ihrer Stadt wohl trieb und man brachte mich selbst von der Kanzel des St. Wilhadi Domes herab schon in Verbindung mit Geistern und Dämonen gar, zumal, wenn ich, gemeinsam mit dem Major Isenbart, nächtens umher schlich und den Himmel observierte, diese Mutmaßungen waren jedoch nicht wirklich gefährlich oder gar bösartig. Wenn man also retrospektiv immer nur berichtet, ich wäre heilfroh gewesen, dieses ,Nest' schnell wieder zu verlassen, dann ist das ein übles Missverständnis. Nun, Sie wissen sicher auch," und er wandte sich mir erneut zu, „'errare humanum est' oder, wie ich später an meinen Freund Dieterich schrieb ,wir irren allesamt, nur jeder irrt anders'. Und so irrten sich auch viele, die nach mir kamen und glaubten, über mich und meinen Verbleib

in dieser Stadt und meine Kontempla-
tionen dazu berichten zu müssen.

Ja, so war es und so ist es auch noch
heute, so muss es schließlich auch wohl
sein. Gerade letzthin kam mir zu
Ohren, dass es hier in der Stadt, die
sowieso reich ist an Vereinen, Bruder-
schaften und Konventen, ein weiterer
Bund sein Wesen treibt, der mich nach
langer Zeit sogar zu seinem ‚Ehren-
mitglied' erkoren hat. Dazu befragt
hat man mich zwar nicht, aber man
würde diese Ehre für mich wohl kaum
consideriert haben, wenn ich so
schlecht über die Stadt gedacht,
gesprochen und geschrieben hätte. Ob
ich nun die Stadt vermessen habe
oder sie heute vermisse, das soll jeder
für sich entscheiden.

Nun gut, es wird Zeit," und er erhob sich zum Gehen, „es ist mir ja nicht vergönnt, regelmäßig oder für länger hier zu sein, das können Sie sich wohl denken. Ich danke Ihnen für Ihr geduldiges Zuhören, leben Sie wohl, ach und übrigens, das vergaß ich wohl und bitte um Verzeihung für meine Nachlässigkeit, mein Name ist Lichtenberg - Georg Christoph Lichtenberg, und sollte einmal dieses Sujet als Diskurs aufkommen, dann können Sie ruhigen Gewissens sagen:

„Ja, Lichtenberg vermisst Stade - und nun Adieu."

Und ich? War ich eingenickt in der Sonne, hatte ich geschlafen, hatte ich gar geträumt? Ich schaute mich um, der Platz neben mir und der Park waren leer, oder sah ich den kleinen

Herrn noch drüben unter den
Bäumen auf der ‚Insel'?

ÜBER FEHLER

(Aphorismus - einem Unbekannten
zugeschrieben)

Ich las einmal irgendwo:

„Jeder Fehler erscheint unglaublich
dumm, wenn andere ihn begehen"

und dachte mir, diese Behauptung
hat schon eine gewisse Berechtigung,
wobei mir allerdings auffiel, dass da
stand ‚erscheint' und ‚dumm'.

Also werde ich bei meinen Überlegungen dazu einmal etwas sophistisch.

Nun, wenn ein Fehler dumm erscheint, muss er tatsächlich gar nicht dumm sein, sondern es kann nur so scheinen, das wäre dann also ein ‚scheinbarer Fehler‘, oder?

Im täglichen Leben spricht man ja oft über einen dummen Fehler - sagt der Lehrer zu einem Schüler: „Mach doch nicht immer den gleichen dummen Fehler," - woran sich die Frage knüpft: „Gibt es denn auch schlaue Fehler?" was ja wiederum bedeutete, der Schüler hat einen nur scheinbar dummen Fehler gemacht.

Und darüber kann man ja trefflich diskutieren, oder?

Nun also - bleiben wir zunächst einmal bei den sogenannten dummen Fehlern und das sind dann angeblich meistens die, die man nicht selbst macht, sondern andere und die uns dann als besonders dumm erscheinen.

Ganz sicher ist, denke ich, dass Fehler zum Menschen gehören, also im Verhalten des Menschen angelegt sind, so im Großen und Ganzen, eingepflanzt seit Urzeiten im Unterbewusstsein, was also anscheinend, man beachte - anscheinend und nicht scheinbar - nicht auszurotten ist, auch nicht durch ernste Konsequenzen, die sich aus solchen Fehlern ergeben können, es grenzt manchmal schon an Wahnsinn.

Eine Binsenweisheit, denn schon die ‚alten' Römer erkannten ‚errare

humanum est'. Der vollständige
Spruch sollte allerdings lauten ‚errare
humanum est, sed in errare perseve-
rare diabolicum' - sprich ‚irren ist
menschlich, aber auf Irrtümern zu
bestehen, ist teuflisch' - und da haben
wir es - teuflisch - damals wie heute.

Es ist noch gar nicht so lange her, da
hat ein nachdenklicher Mensch
einmal über Folgendes reflektiert:
Die heutigen Menschen leben im
Zeitalter der Atomkraft, sehr viele,
wenn nicht die meisten jedenfalls sind
dadurch gefährdet, besonders, weil es
nämlich keine Lösung für eine risiko-
lose Entsorgung der extrem gefährlich
strahlenden Abfälle gibt. Seit Jahr-
zehnten ist das Problem bekannt, seit
Jahrzehnten wird darüber diskutiert,
bisher jedoch ohne ein konkretes

Ergebnis, eine Lösung. Nun glaubt man, im Norden Skandinaviens einen sicheren Ort gefunden zu haben und lagert dort bereits Atommüll ein mit der Behauptung ‚sicher für einhunderttausend Jahre!‘
Man bedenke, einhunderttausend Jahre, das sind ungefähr zweitausend Generationen! Aber, nicht zu vergessen - die letzte Eiszeit bei uns endete erst vor ungefähr zehntausend oder fünfzehntausend Jahren, also gerade eben, als wäre es gestern gewesen.

Wer oder was wird sein in einhunderttausend Jahren, wer oder was wird vielleicht schon vorher an diese strahlenden Lagermengen geraten, wie informiert man Menschen, oder welche Wesen auch immer, über die davon ausgehende Gefahr und das in einer verständlichen Form? Schließich gibt es rätselhafte, kaum erklärbare Dinge, die gerade einmal drei- bis viertausend Jahre alt sind - zum Beispiel das sogenannte ‚Sator-Quadrat

(Sator - Arepo - Tenet - Opera - Rotas)

In dieses ‚Rätsel‘ - ein sogenanntes Palindrom - senkrecht/waagerecht - vorwärts/rückwärts zu lesen, sind im Laufe der Zeit viele Bedeutungen und Übersetzungen hineininterpretiert worden, eine ist in etwa ‚Der Sämann Arepo (er)hält die Arbeit der Räder‘, in jedem Fall ist es rätselhaft, aber nicht gefährlich, mit Spekulationen, jedoch ohne endgültige schlüssige Erklärung. Doch unser ‚Nachlass‘? Niemals in der Geschichte der Menschheit wurde ein gefährlicheres Erbe als Nuklearabfälle produziert und hinterlassen - Überschrift: „Sicher für einhunderttausend Jahre.“

Was ist das also für ein Wahnsinn - ja, ein dummer Fehler, hier der Menschheit für eine unübersehbar lange Zeit Sicherheit vorzugaukeln? Oder soll das vielleicht ein schlauer Fehler sein, gemacht von sogenannten Experten, die wider besseres Wissen wohl meinen, uns jetzt lebenden Menschen Sicherheit vorspiegeln zu können, egal, was später geschieht, nach der Devise ‚nach uns die nächste Eiszeit‘!

Das ist nur ein Beispiel für einen großen und dummen Fehler - vielleicht sogar etwas weit hergeholt. Wollte man das alltägliche normale kleine Alltagsleben nehmen, es gäbe kaum ein Ende mit vielleicht weniger ernsten, aber immerhin auch Fehlern.

Irgendwo las ich einmal: ‚Fehler und Lügen gehören zusammen‘, und das wird auch wohl so sein.

Aber gibt es denn auch Beispiele für schlaue Fehler? Schwer zu sagen, doch so manches Mal, besonders in der Geschichte der Forschung, haben Fehler im Nachhinein zu unerwartet positiven Resultaten geführt, das waren dann vielleicht schlaue Fehler, wenn es denn schlaue Fehler gibt.

Letztlich bedeutet das alles aber, dass es keinen Menschen gibt, der fehlerlos ist, heißt, der nie einen Fehler macht, sei er nun scheinbar oder tatsächlich dumm oder schlau. Das ist so, denn Fehler gehören zum Leben. Immerhin sagt man ja auch: ‚aus Fehlern lernen wir‘, und, wenn das geschieht, dann ist es gar nicht so schlimm, Fehler zu machen, besonders dann nicht, wenn man daraus etwas lernt und natürlich, wenn man einen eigenen Fehler erkennt und zugibt. Und dazu fällt mir doch wieder ein Spruch ein, den ich einmal las:

‚Zeige einem schlauen Menschen einen Fehler und er wird sich bedanken - zeige einem dummen Menschen einen Fehler und er wird dich beleidigen.‘

Da geht es also nicht um dumme oder schlaue Fehler, sondern um beteiligte dumme oder schlaue Menschen. Ist man also so weit einsichtig, dann sind oder scheinen die Fehler anderer auch gar nicht mehr so dumm, jedenfalls sind sie wohl keinesfalls schlimmer, als die eigenen. Und so ist die am Anfang dieser Überlegungen genannte These völlig richtig, sogar im doppelten Sinne, nämlich weil es als philosophische Behauptung stimmt, dabei jedoch etwas Scheinbares beschreibt. Und das will sie wohl auch sagen - die Fehler anderer erscheinen dumm, sind es jedoch ebenso wenig, wie die eigenen - beide sind gleich und gehören zum Leben eines jeden Menschen - es sind einfach nur Fehler, die geschehen.

URLAUB

Wenn einer eine Reise tut

dann kann er was erzählen.
Ich reiste diesmal nicht - wie gut -
im Schrank da blieben Stock und Hut,
die Nähe tat ich wählen.

Es muss ja nicht Brasilien sein
und auch nicht Indonesien.
Am Ostseestrand, vielleicht am Rhein,
in Travemünde will ich sein,
an einem Fluss in Schlesien.

Prinzipiell hab' ich ja fast
die ganze Welt gesehen.
Wo findet nun mein Auge Rast,
wo gibt es Ruhe ohne Hast
wohin soll ich noch gehen?

Die Tropen sind mir viel zu warm,
der Nordpol wär' genehmer.
Doch dort ist alles schon besetzt,
wohin soll ich nur reisen jetzt,
wo ist es denn bequemer?

Schwer ist die Lösung letztlich nicht:
Die Nadel, sonst zum Nähen,
halt ich mir vor die Augen dicht

und durch das Öhr, man glaubt es
nicht,
kann ich den ganzen Himmel sehen.

So wird oft groß, was vorher klein.
Die Reisen haben Pause.
Es muss nicht immer Kaviar sein,
auch Kieler Sprotten die sind fein –
und so bleib ich zu Hause.

PHILOSOPHIE

Peter war ein Genie in Mathematik, wollte aber unbedingt Philosophie studieren, trotz aller Zweifel seiner Eltern (Philosophie! - was soll denn das?), die jedoch schließlich der Anmeldung zu einem Probesemester zustimmten. Gegen Ende des Semesters, erschien Peter ruhig zur Examensprüfung, zusammen mit allen anderen Studenten, die sich, im Gegensatz zu ihm, anscheinend gut vorbereitet hatten, so sagten sie jedenfalls.

Die Prüfung begann. Der Professor stellte nun seinen Studenten eine einzige Frage. Er ergriff einen Bürostuhl, feuerte diesen auf seinen Schreibtisch und schrieb folgende Frage an die Tafel:

‚Benutzen Sie alles, was Sie in diesem Semester zu Philosophie gelernt haben und beweisen Sie, dass dieser Stuhl hier nicht existiert'.

Alle Studenten machten sich eiligst an die Arbeit, füllten Seite um Seite ihrer Hefte, entfernten, verbesserten und schrieben wie die Wilden. Die meisten arbeiteten die ganze Zeit von über drei Stunden bei dem Versuch, die Nichtexistenz des Stuhls zu beweisen. Peter war jedoch in weniger als zwei Minuten fertig.

Einige Wochen später, als die Ergebnisse und Noten verkündet wurden, wunderten sich alle, warum Peter das beste Zeugnis erhielt, obwohl er sich während der Prüfung ja praktisch so gut wie nichts notiert hatte. Alle fragten den Professor und ihn, woraus denn seine Antwort und damit die Auflösung des Problems bestanden hatten, und Peter antwortete, dass er lediglich zwei Wörter aufgeschrieben hatte, nämlich:

„WELCHER STUHL"

SCHLÜSSEL UND SCHLOSS

(Dschalal ad-Din Muhammad Rumi -
genannt ‚Rumi‘, 1207 - 1273, war einer der
bedeutendsten persisch-sprachigen Dichter des
Mittelalters, Mitbegründer der islamischen
Mystik, geboren im heutigen Afghanistan. Er
lebte und wirkte bis zu seinem Tode in Konya
in der heutigen Türkei)

Wer hat wohl von ihm schon einmal gehört? Ich nicht, bis ich in einem Roman über diesen Namen ‚stolperte‘ und ich fand einen erstaunenswerten Ausspruch von ihm, man stelle sich vor, dies kommt aus dem 11. Jahrhundert und aus Afghanistan, ich werde hierauf am Ende meiner Überlegungen zu Rumi zurückkommen.

Vorher aber einige Gedanken über einen anderen von ‚Rumi‘ aufgeschriebenen Aphorismus, nämlich „Der Freund ist der Schlüssel und ich bin das Schloss“.

Darüber habe ich ein wenig nachgedacht, natürlich ohne dabei ‚Rumis‘ Philosophie entschlüsseln zu wollen oder zu können, mir geht es zunächst nur um dieses eine überlieferte Zitat und meine Ausführungen dazu.

Allgemein gesprochen kann jeder Mensch ein Schloss sein, ein Schloss, das eine Tür geschlossen hält, hinter der es viele Geheimnisse geben kann, ganz einfache, aber auch komplizierte Dinge, Gutes oder Böses, Schönes und Hässliches, Wahres und Unwahres.

Es ist jedoch so, um bei diesem Bild zu bleiben, dass die Türen zum Inneren eines Menschen nicht immer verschlossen sind, im Gegenteil, sehr häufig liegen auch viele Dinge oder Eigenschaften ganz offen zu Tage, da scheint keine Tür verschlossen, da braucht es keinen Schlüssel, ach, manchmal kann man alles oder doch das Meiste einfach so erkennen und erfahren. Wenn ich hier sage ‚das Meiste', dann können wir aber auch davon ausgehen, dass es letztlich im Inneren eines jeden Menschen etwas Verborgenes gibt, das vielfach auch verborgen bleibt, vielleicht für immer oder doch solange, bis ein Freund kommt, der die Pforten zu diesem geheimen, geheimnisvollen, oft nach außen hin unbekannten, Raum öffnen kann. Spontan fällt mir dazu etwas aus eigener Erfahrung ein, das ich selbst erlebe und das in etwa zu diesem Thema passt.

Ich habe einen sehr guten Freund, wir kennen uns seit über fünfzig Jahren. Das allein ist schon etwas Besonderes. Wenn wir uns treffen, ob oft oder in größeren Abständen, dann bin ich zum Beispiel wie das genannte Schloss und mein Freund, der Schlüssel, öffnet mich, das Schloss, es kann jedoch auch umgekehrt sein. Wir sprechen ohne Ende und ohne Schranken oder verbringen einige Zeit in Ruhe und schweigend. So oder ähnlich ist das bei mir und ich denke, auch bei vielen anderen Menschen, Schlüssel und Schloss, Freund und Freund und natürlich kann es auch eine Freundin sein, ein enger Partner oder Lebenspartner.

Gibt es nicht in der Tat auch mehr als genug und oft sogar banale Beispiele aus dem täglichen Leben, wenn wir bei solchen Gelegenheiten etwas herausfinden ‚Heh, das habe ich ja gar nicht gewusst' oder ‚das kenne ich überhaupt nicht von Dir'? Dann sind wir selbst für einen anderen zum Schlüssel geworden, der eine Tür geöffnet hat und scheinbar Verborgenes ans Licht bringt.

Vielleicht ist das ja im Sinne unseres Protagonisten zu kurz gegriffen oder zu einfach gedacht. Er mag auch gemeint haben, dass der Freund - der Schlüssel - ganz verborgene Fähigkeiten erwecken kann und dass es diesen Schlüssel braucht, um Besonderes zu erreichen. Ein Freund - der Schlüssel - kann also auch Mut machen, etwas Neues zu wagen, nie aufzugeben, selbst wenn es unmöglich scheint, ein Ziel zu erreichen. Er kann in schwierigen Zeiten an der Seite eines Menschen stehen, antreibend, haltend, beschützend, tröstend. Schon seine pure Anwesenheit und die Ge-

wissheit, dass er da ist für den Ande-
ren, führt wiederum seinen Freund -
das Schloss - zu einem erstrebten Ziel.

Auch möglich ist aber, die Verbin-
dung von Schloss und Schlüssel
gleichwohl so auszudrücken, dass
Schloss und Schlüssel einfach
zusammengehören, eins für das
andere gemacht ist, eines das andere
ergänzt, so, wie idealerweise auch ein
Freund den Freund.

Was aber, wenn der Schlüssel nicht
passt, wenn er trotz aller Versuche ein
Schloss nicht öffnen kann? Ja, dann
geht etwas grundsätzlich nicht zu-
sammen, dann wird sich wohl auch
keine echte Freundschaft oder Part-
nerschaft, kein gegenseitiges Verste-
hen finden und jeder bleibt für sich
oder muss warten, bis das Schloss den

passenden Schlüssel findet oder umge-
kehrt. Und das wiederum bedeutet,
dass Freundschaft Zeit und Mühe
kosten kann, nie aus sich selbst exis-
tiert oder, wenn dem in seltenen
Fällen doch so ist, diese ganz bewusst
erhalten werden muss.

Diese Freundschaft ist es doch, wenn
wir jetzt zu ‚Rumi‘ zurückkehren, die
eben zu seinem Zitat und zu Teilen
seiner Lehren passen. Wir Menschen
sind doch als Schlüssel und Schloss
zugleich angelegt. Ein jeder birgt in
sich so viele Eigenschaften, Möglich-
keiten, Fähigkeiten, oft verborgen, wie
hinter einer verschlossenen Tür, aber
dann kommt jemand, der erreicht,
dass wir uns öffnen, vieles von dem,
was in uns liegt, ausschütten, preis-
geben und teilen. Das kann ein

anderer Mensch bei uns, aber auch wir bei anderen bewirken. Lassen wir es also dabei und seien wir füreinander Schlüssel oder Schloss, ganz wie es sich ergeben mag.

Zum Ende kehre ich zu dem am Anfang erwähnten Ausspruch von Dschalal ad-Din Muhammad Rumi zurück:

‚Der Mensch hat viele Fähigkeiten, aber das größte Talent entwickelt er bei der Vernichtung der Natur und seiner Umwelt'.

Bedenket einmal, gesagt und geschrieben im 11. Jahrhundert. Was mag damals bei diesem Denker und Philosophen solche Gedanken ausgelöst haben, Gedanken, die heute so aktuell sind, wie niemals zuvor.

MAIMÄRCHEN

Der Herr Konrad Mai war bei uns im Dorf ‚der Mann für alles‘ und er führte, wie auch bereits sein Vater und sein Großvater, sein Urgroßvater und wer weiß noch wer, im Ort eine Tischlerwerkstatt. Aber, wie gesagt, Konrad Mai war ‚der Mann für alles‘ und er konnte auch alles. Wo immer es etwas zu reparieren oder neu herzustellen gab, Herr Mai war zur

Stelle. Wo immer Hilfe benötigt wurde, Herr Mai war dabei. Alle Probleme im Dorf konnte er anscheinend lösen - kurz und gut - immer war er bereit und er machte alles und für jeden, der es nötig hatte und ihn um Hilfe bat und deswegen war er bei allen beliebt und wurde allgemein bewundert.

Umso mehr jedoch, und das war in jedem Jahr dasselbe, wurde Herr Mai vermisst, nämlich dann, wenn er zum Anfang des Frühjahres eine Zeitlang fort war, weg, einfach weg und verschwunden und niemand wusste, warum das so war, wo er sein mochte und was er in dieser Zeit tat. Die Alten im Dorf erzählten allerdings, dass das schon immer so war, auch bei seinen Vorfahren - ein Geheimnis, ein Myste-

rium gar, das auch niemand auf-
klären oder erklären konnte und
wollte, man nahm es einfach hin, so,
wie es war.

Freundlich und humorvoll war Herr
Mai ebenfalls. Ein Witzbold hatte
einmal heimlich an Herrn Mais
‚Plumpsklo‘ hinten im Hof die etwas
zweideutige Bemerkung ‚Komm lieber
Mai und mache…‘ über die Tür
geschrieben - Herr Mai ließ es gesche-
hen und diesen lustig gemeinten
Spruch dort stehen.

Da bedurfte es schon eines Fremden,
eines Zugereisten und zwar einen mit
ausgeprägter Neugier, der einfach
wissen wollte, was es mit Herrn Mai
auf sich hatte im Frühling - und
dieser war ich, zwölf Jahre alt und
erst seit zwei Jahren hier im Dorf. Ich

lauerte ihm also auf an einem Tag
am Anfang des Monats Mai, also um
die Zeit, die man mir in etwa
genannt hatte, sehr früh und ohne
dass meine Eltern oder jemand
anderer es bemerkte und tatsächlich,
eines Morgens, noch vor Sonnenauf-
gang, war es so weit. Herr Mai
erschien mit Rucksack und einem
kleinen ‚Bollerwagen‘, auf den er
alles Mögliche geladen hatte, was ich
nicht erkennen konnte. Hinaus ging
er aus dem Ort und ich schlich vor-
sichtig hinterher.

Schon bald machte Herr Mai Halt,
dort unten am kleinen Fluss, der sich
durch die Wiesen schlängelte. Er holte
etwas aus dem Rucksack von seinem
kleinen Wagen und ging eifrig hin
und her, was machte er nur? Ihr wer-

det es nicht glauben und auch ich traute meinen Augen nicht, Herr Mai machte die ersten noch kahlen Bäume wieder grün, strich er sie mit Farbe an oder zauberte er - es muss Zauberei gewesen sein - jedenfalls erschienen alsbald frische grüne Blättchen und Triebe und er schien auch sanft vor sich hin zu sprechen. Dann schritt er langsam über die Wiesen am Bach und siehe da, die ersten Veilchen fingen an zu blühen, Himmelschlüssel, Anemonen und Löwenzahn folgten alsbald, das neue grüne Leben dehnte sich aus, scheinbar bis in die Unendlichkeit.

Weiter ging es in den Wald hinein. Herr Mai schaute anscheinend zu den Wolken empor, das konnte ich aus der Entfernung gerade noch erkennen, ich kam aus dem Staunen nicht heraus, wedelte, winkte mit seinen Armen und - glaubt es mir - von ringsumher ging es durch die Luft ‚Kuckuck – Kuckuck‘, ein Schwarm Stare segelte über den Himmel, der erste Storch war auf dem Weg zu seinem angestammten Nest im Dorf, Amseln, Drosseln und andere Vögel kamen geflogen, ein buntes Gewimmel, ein Gezwitscher überall.

Ich verlor Herrn Mai irgendwann aus den Augen, musste auch wieder zurück ins Dorf, aber ich hatte, wie ich glaubte, herausgefunden, was es mit Herrn Mai auf sich hatte, was er tun konnte oder musste, ein Geheimnis, das ich jedoch für mich behielt, auch dann, als Herr Mai nach einiger Zeit wieder zurück im Dorf war, sehn-

lichst herbeigewünscht von allen
Menschen dort, die ihn, wie jedes
Jahr, ungeduldig, sogar traurig,
erwartet hatten. Doch die gewisse
besorgte Traurigkeit wich sehr schnell
der Erleichterung, denn Herr Mai
stellte nicht nur einen ‚Maibaum' auf
mit den ersten frisch begrünten Zwei-
gen und bunten Bändern, nein, er
ließ alle auf dem Dorfplatz zusam-
menkommen und erzählte die alte
neue Geschichte über den Frühling
und das Wunder des neuen Erwachens
in der Natur, so schön, dass alle
gerührt waren, bis die Rührung sich
dann in eine ausgelassene Fröhlich-
keit wandelte. Aus frischen Blumen
und Pflanzen waren Sträuße und
Girlanden gewunden, die alten Lieder
wurden gesungen, die Menschen blie-
ben bis spät in die Nacht beisammen,

bevor alle am nächsten Morgen
wieder ihrem Tagwerk nachgingen,
ein wenig verwundert über das, was
in jedem Jahr und immer wieder aufs
Neue in ihrem Dorf geschah und froh
- Herr Mai war wieder da.

Auch ich ging beglückt und zufrieden
nach Hause und wenig später schrieb
ich ein kleines Gedicht über Herrn Mai
und sein geheimes Tun, das sogar von
jemand anderem mit einer Melodie
versehen wurde.

HERZ

(Friedrich Hebbel, Lyriker, Dramatiker, Erzähler, 1813 - 1863)

„Man hat nur dann ein Herz, wenn man es hat für andere" - das schrieb einmal Friedrich Hebbel.

Vielleicht hat Hebbel damit gemeint, dass wir unser Herz aufbewahren, ‚aufbewahren' in dem Sinne, dass wir Mitgefühl und Empathie für andere Menschen haben, besonders für jene, die in Not sind, Hilfe brauchen oder die wir lieben. Denen können wir dann unser Herz zeigen und mehr, nicht umsonst sagen wir bei solcher Gelegenheit ja auch, dass wir unser Herz verschenken. Verschenken, besser - weitergeben - können wir es sogar über unseren Tod hinaus und - sehr profan gedacht - zum Beispiel für den Fall einer Organspende, aber das ist vielleicht etwas weit hergeholt und sicher nicht im Sinne von Hebbel. Doch für seine These, wie ich sie verstehe, habe ich ein schönes Beispiel erlebt.

Es war auf einer Reise in Buenos Aires, ich wurde zum Abendessen eingeladen in ein sehr gutes Restaurant in der ,Recoleta', einem angesagten Viertel der Stadt. Wir waren zu viert und hatten den Abend bei gutem Essen und feinem Wein genossen. Beim Verlassen des Restaurants lag unten an der Treppe ein Bettler, ein Obdachloser, nur notdürftig bekleidet mit Hemd und Hose, schäbig und verschmutzt, der die hinausstrebenden Gäste um etwas Geld bat. Vor uns ging ein auffallend elegant gekleidetes Paar und der Mann sagte zu seiner Begleitung ziemlich laut in etwa: „Das ist doch unglaublich, was hat der," - und er zeigte auf den Bettler - „denn hier verloren? Da bleibt einem vor Schreck und Abscheu ja das Herz stehen!"

Zu meiner Überraschung, meiner zustimmenden Überraschung, wandte sich einer meiner Gastgeber an den ‚feinen' Herrn vor uns und sagte laut und deutlich: „Das Herz bleibt Ihnen stehen? Haben Sie denn überhaupt ein Herz? Dieser Bettler wurde gerade in diesem Augenblick von Gott hier an diesen Ort geschickt, damit Sie, mein Herr, ihm helfen, so eine gute Tat vollbringen und zeigen können, dass Sie tatsächlich ein Herz haben. Darüber sollten Sie einmal nach-denken'.

Der obdachlose Bettler ging an diesem Abend reich beschenkt davon.

MORD ODER SELBSTMORD

(Nacherzählt zu einem Bericht der ‚Associated Press‘ über einen außerordentlichen Gerichtsfall, der später als Beispiel für Studenten der Jurisprudenz in den Lehrstoff einging)

Am 23. März 1994 untersuchte der zuständige Forensiker in einer Anatomie in Los Angeles die Leiche von Ronald Landau, und kam zu dem Ergebnis, dass Landau ganz eindeu-

tig durch den Kopfschuss aus einem
Gewehr ums Leben gekommen war.

Dieser Ronald Landau war vom Dach
eines zehnstöckigen Hauses gesprun-
gen in der Absicht, sich das Leben zu
nehmen und hinterließ eine Notiz, in
der er seinen Selbstmord ankündigte.
Bei dem Sturz nach unten traf ihn
jedoch eine Kugel, die aus einem
offenen Fenster im neunten Stock
desselben Gebäudes abgefeuert wurde
und die ihn augenblicklich und noch
im Herabfallen tötete.

Weder der zunächst unbekannte
Schütze noch der Getroffene wussten,
dass etwas weiter unten am fünften
Stockwerk ein Sicherheitsnetz
gespannt war, um gegebenenfalls die
Handwerker zu schützen, die gerade
am Gebäude arbeiteten, sodass

Ronald Landau tot in dieses Netz fiel und er daher seinen geplanten Selbstmord in keinem Fall hätte ausführen können.

Das Zimmer im neunten Stock, aus dem der Schuss durch das geöffnete Fenster abgefeuert wurde, gehörte zur Wohnung eines älteren Ehepaares, das gerade in eine heftige Auseinandersetzung geraten war, wobei der Mann tatsächlich mit einem Gewehr herumfuchtelte. In seiner Aufregung betätigte er den Abzug und zum Schrecken der Eheleute löste sich ein Schuss aus dem, wie beide annahmen, ungeladenen Gewehr, der die Frau verfehlte, jedoch durch das offene Fenster den hinabstürzenden Landau traf.

Es gab Untersuchungen und eine Gerichtsverhandlung, die Anklage basierte zunächst auf der allgemein gültigen These: ‚Wenn jemand eine Person ‚A‘ töten will, jedoch eine andere Person ‚B‘ tötet, ist er des Mordes schuldig.“ Als der besagte Ehemann nun des Mordes angeklagt wurde, schworen beide, er und seine Frau, vehement, dass sie der festen Meinung waren, dass das Gewehr nicht geladen war. Außerdem bestätigten beide, dass bei ihren gelegentlichen Streitereien der Mann häufiger sein ungeladenes Gewehr als vermeintliche Drohgebärde benutzte, jedoch niemals die Absicht gehabt hätte, seine Frau umzubringen. Somit war der Mord an Ronald Landau bei dessen Sturz durch den Schuss aus dem offenen Fenster ein bedauernswerter Unfall.

Während der Verhandlung und weiterer Untersuchungen stellte sich heraus, dass ein Zeuge zufällig beobachtet hatte, wie der Sohn des älteren Ehepaares einige Wochen vor diesem Unfall das Gewehr seines Vaters in dessen Wohnung geladen hatte. Weiterhin kam heraus, dass die Ehefrau, seine Mutter also, eine bisher erfolgte großzügige finanzielle Unterstützung eingestellt hatte und der rachsüchtige Sohn, der die Gewohnheit seines Vaters kannte, bei Streitigkeiten das Gewehr in die Hand zu nehmen, dieses geladen hatte, in der Erwartung oder Hoffnung, sein Vater könnte die Mutter bei einer solchen Gelegenheit erschießen. Der Sohn wurde ‚in absentia' des Mordes an Ronald Landau angeklagt, obwohl er den Schuss nicht ausgelöst hatte. Im

Übrigen - der Sohn konnte während der ersten Tage der Verhandlung vor Gericht nicht ausfindig gemacht werden. Aufgrund der nun bekannten Schwierigkeiten und dem Streit mit seiner Mutter hatte er sich anscheinend an einen unbekannten Ort zurückgezogen, nach ihm wurde nun gefahndet.

Doch die geradezu ‚teuflisch exquisite‘, überraschende Wendung in diesem Fall war, dass der Sohn des Ehepaares in Wirklichkeit dieser Ronald Landau war, der zeitweilig unter diesem falschen Namen bei einem Bekannten im zehnten Stock des Gebäudes wohnte. Er war verzweifelt, depressiv und dermaßen frustriert, durch seine Situation und den Gebrauch von Drogen mental völlig überfordert, als sein Plan der Ermordung seiner Mutter durch den Vater mit dem manipulierten Gewehr nicht unverzüglich aufging, dass er beschloss, sich das Leben zu nehmen, weil doch alle bisherigen Versuche, sich an seiner Mutter zu rächen, sie zu Tode kommen zu lassen, fehlge- schlagen waren und er auch sonst keinen Sinn darin sah, sein bisheriges Leben fortzuführen..

Und so hatte er sich aus dem zehnten Stockwerk gestürzt, wurde jedoch nicht durch den fatalen Sprung, sondern durch die Kugel getötet, die aus dem Fenster im neunten Stock abgefeuert wurde. Das heißt, Ronald Landau wurde weder von einem Mörder getötet, noch kam er durch den geplanten Sturz ums Leben, nein

- er hatte sich tatsächlich selbst umgebracht. Polizei und Forensik schlossen die Akte - Vermerk: Selbstmord.

SO GEHT'S AUCH

(Ein kleines, kurioses Beispiel, wie 'Wirtschaft' funktionieren kann und sich wohl auch manchmal abspielt)

Es ist ein trüber Tag in der kleinen Stadt in Irland. Es regnet, alle Straßen sind wie leergefegt. Die Zeiten sind schlecht, fast jeder der wenigen Einwohner hat Probleme und Schulden, alle leben von Geborgtem und gegenseitig gewährten Krediten - aber sie leben. An diesem Tag fährt ein scheinbar wohlhabender Tourist in den Ort hinein auf der Suche nach Unterkunft, und hält vor dem einzigen kleinen Hotel. Er geht zu dem Mann an der Rezeption, Eigentümer des Hotels, legt einen Einhundert-Euro-Schein auf den Tresen und sagt, dass er gerne ein paar Zimmer inspizieren und eventuell eines für eine oder zwei Übernachtungen mieten möchte. Der Eigentümer, ganz sicher und erwartungsvoll, einen Gast vor sich zu haben, gibt diesem die Schlüssel für drei Zimmer und, als der Besucher die Treppe hinauf gegangen ist, greift er sich die einhundert Euro, rennt durch den Regen zum nächsten Haus und begleicht dort seine Schulden beim Schlachter. Dieser nimmt sofort den Schein, läuft die Straße

hinunter zu seinem Schweinezüchter -
und zahlt damit einen Teil seiner
Außenstände ab. Auch der Züchter
hat Schulden, freut sich über das Geld
und geht schnell zu seinem Futter-
und Treibstofflieferanten und gibt
ihm das Geld. Der ist darüber
natürlich ebenfalls hocherfreut -
endlich - biegt sofort um die Ecke
hinüber zu seiner Stammkneipe und
erledigt dort seine ausstehende
Getränkerechnung. Der Kneipenwirt
wiederum schiebt den Schein zu einer
an der Theke sitzenden Dame hin-
über, der einzigen im Ort für beson-
dere Dienste, die auch harte Zeiten
hinter sich hatte und dem Wirt einige
Gefälligkeiten auf Kredit gab. Auch
diese ist seit längerem ,in Verdrük-
kung' und läuft nun trotz des schlech-
ten Wetters sofort hinüber zum Hotel

und zahlt erleichtert die lange über-
fälligen Zimmerrechnungen mit dem
einhundert Euro-Schein. So liegt
dieser wieder auf dem Tresen, als der
vermeintliche Gast die Treppe her-
unterkommt, den Geldschein nimmt
und einsteckt mit der Bemerkung, die
Zimmer hätten ihm doch nicht zu-
gesagt, und er verlässt Hotel und
Stadt. Nun kann man überlegen -
niemand hat in dieser kurzen Zeit
etwas produziert, niemand gab etwas
aus, niemand verdiente etwas an
diesem trüben Regentag, aber, wie
auch immer, alle betroffenen Leute
hatten nun weniger Schulden und
schauten wieder zufriedener und mit
Optimismus in die Zukunft.

MISSVERSTÄNDNIS

Es kann immer wieder Missverständnisse geben. Manchmal sind es ganz kleine, ja, unbedeutende Ursachen, die große Konsequenzen haben. Es mögen Worte sein, unbedacht dahergesprochen oder einfach Gesten oder anderes - ein Buchstabe zu viel oder zu wenig. Davon erzählt diese kleine Geschichte.

Das Ehepaar Petersen beschließt, dem kalten Winter im Norden für eine

Woche zu entfliehen und in die Karibik zu reisen. Aus beruflichen Gründen kann Frau Petersen die Reise erst einen Tag später antreten, und so fliegt ihr Ehemann, wie geplant, schon voraus. Am Ziel angekommen, bezieht er sein Hotelzimmer und, nach ein paar Stunden der Ruhe im Zimmer und draußen am Pool, holt er seinen Laptop heraus und schickt eine kurze E-Mail an seine Frau zu Hause, die ja am nächsten Tag nachkommen soll.

Irrtümlicherweise verwechselt er beim Tippen der E-Mail-Adresse zwei Buchstaben und so landet seine Nachricht bei einer Frau Petersen, die vor Kurzem ihren Mann zu Grabe getragen hat. Gerade will sie wieder einmal auf ihrem Computer nachschauen, um eventuelle Beileidsschreiben zu lesen, als im gleichen Moment ihr Sohn das Zimmer betritt und seine Mutter, ohnmächtig auf dem Boden liegend, vorfindet. Sofort holt er einen Cognac und flößt ihn seiner Mutter ein, die sich dann auch recht schnell erholt, doch, zu ihrem PC gewandt, immer noch irgendwie betroffen und ratlos erscheint. Dann jedoch blickt auch der Sohn auf den Bildschirm des Computers und liest folgende E-Mail:

Meiner lieben, erst einmal zurückge-bliebenen, Frau von ihrem vorausge-reisten Mann:

,Meine Liebste, bin wohlbehalten angekommen, habe mich in den ersten Stunden bereits gut eingelebt und dafür gesorgt, dass auch alles für deine Ankunft vorbereitet ist. Ich wünsche dir eine gute Reise und erwarte dich in Liebe - Dein Dich liebender Mann.

P.S. Es ist übrigens extrem heiß hier unten, doch das war ja zu erwarten!

REICH KRÄUTCHEN

(Joachim Ringelnatz, Lyriker, Erzähler, Maler,
1883 - 1934, schrieb im Gedicht ‚Arm
Kräutchen' über einen Sauerampfer auf dem
Bahndamm, der dort verstaubt, schwind-
süchtig und verloren stand - ein armes Kraut –
und nur Reisende und Züge, doch niemals
einen Dampfer sah. Nun, das rief mich doch
auf zu einem Gegenstück)

Ein Löwenzahn am Elbgestade

sah froh von seinem Feld -
die Blätter grün, der Halm gerade -
Schiffe aus aller Welt.

Er stand im Gras, an guter Luft,
gesund und voller Kraft,
ein frisches Kraut im Blütenduft,
so richtig voll im Saft.

Sah Schiff um Schiff vorüberfahren,
mit weißer Gischt vorm Bug,
jedoch er sah in all den Jahren,
nicht einen einzigen Zug.

Und dennoch, auch ein Löwenzahn
will mal was anderes sichten,
drum spricht er eine Biene an,
die soll ihm doch berichten,

wie's aussieht weiter hinterm Deich
im schönen blütenreichen Land.
Was gibt es dort an Fluss und Teich?
ihr ist das ganz bestimmt bekannt.

Die Biene tat, wie er sie hieß,
sprach sanft, tat sich die Augen
reiben:
„Ach, weißt du, wenn man mich nur
ließ,
ich würde gerne bei dir bleiben.

Gar mancher, der beneidet dich
so, wie der Sauerampfer,
am Bahndamm sieht er Züge nur
und niemals einen Dampfer.

Sei glücklich hier, wo du jetzt bist,
genieße deine Tage,
bis dich vielleicht ein Schaf mal frisst,
es ist so, wie ich sage."

Der Löwenzahn - er bleibt zu Haus,
genießt die schönen Stunden,
schickt später seine Samen aus,
sind schnell im Wind verschwunden.

Und kehrt der Frühling dann zurück
schau'n viele Löwenzähne,
zufrieden und in stillem Glück,
auf all die schönen Kähne.

WINTER

*I*ch weiß nicht, wie es euch ergeht,

wenn ihr jetzt aus dem Fenster seht.
Mir ist bei jedem ersten Schnee,
als ob ich ihn als Kind noch seh'.

Schon lang bevor die ersten Flocken
mich neugierig ans Fenster locken
wird schon der Wolkenhimmel grau.
Und, wenn ich dann nach draußen
schau,

‚es sieht nach Schnee aus' - denke ich,
‚bald schneit es' und ich freue mich.
Ich merke schnell, es ist so weit,
nun kommt sie wohl, die Winterszeit.

Es dauert etwas, bis der Schnee
die Erde deckt, soweit ich seh'.
Doch bald darauf hat alles dann,
aus weißem Schnee ein ‚Kleidchen' an.

Zwar ist es heute leider so,
dass viele klagen - ,Weh und Oh',
die Straßen sind ja viel zu glatt
und matschig mitten in der Stadt.

Wo bleibt der Streudienst, der muss
ran,
um Sand und Salze, wie er kann,
auf allen Wegen zu verstreuen,
damit sich dann die Autos freuen.

Die Winter werden Jahr für Jahr
auch immer wärmer, das ist klar.
Doch das ist schade, finde ich.
Der erste Schnee? - ich freue mich,

Ich denke an die Kinderzeit,
als jeder Schlitten stand bereit,
und wir sofort und mit Vergnügen
bei Schnee auf unsren ‚Berg'
gestiegen.

Auch wenn es wenig schneite nur,
ging es hinaus in die Natur.
Und weder Eis noch strenger Frost
die schreckten uns - ab ging die Post!

Der erste Schnee - das war so schön,
ach, könnte ich das oft noch sehn.
Ja, daran denke ich zurück,
wenn ich jetzt aus dem Fenster blick.

Wir alle sollten uns erfreuen
wenn es beginnt, bei uns zu schneien.
Erinnert euch, wie ich es seh',
wie schön es war beim ersten Schnee.

FRÜHLING

*A*uf dem Balkon, auf engstem Raum,

da hab ich einen kleinen Baum.
Ich sah ihn einst am Straßenrand
und, da ich ihn so niedlich fand,

ging es sofort mir durch den Kopf:
den setze ich in einen Topf.
Den möchte ich, den will ich haben,
so habe ich ihn ausgegraben

und dann sofort nach Haus gebracht,
schnell etwas Platz für ihn gemacht.
Da steht er nun, erfreut mich sehr
und schaut mich an, was will ich
mehr.

Ihr fragt, was für ein Baum das sei,
an dem ich jeden Tag mich freu?
Ein Pfaffenhütchen wird's genannt
im Lande weit und breit bekannt.

Besonders in der Herbsteszeit,
wenn seine Blätter leuchten weit,
in Farben, bunt und wunderschön,
habt ihr es sicher schon gesehn.

Noch steht mein Bäumchen unbelaubt
ich sag euch - hättet ihrs geglaubt -
fast jeden Tag schau ich es an
und freue mich - ich sehe dann -

es regt sich heimlich und ganz leise
Erstaunliches auf stille Weise.
Es tut sich was, denn jeden Tag
da wachsen kleine Knospen nach.

Das ist für mich ein schönes Zeichen,
der Winter muss dem Frühling
weichen,
und dann beginnt das neue Leben,
bald muss der Winter sich ergeben.

Dann kommen wieder heitre Tage,
so glaubt mir doch, wenn ich es sage.
Die kleinen Knospen sind doch nur
schon frühe Boten der Natur.

HERBST

Für mich - vernehmt es weit und breit

ist Herbst die schönste Jahreszeit.
Auch wenn ich weiß, es kommen dann
die kalten Tage schnell heran.

Frühjahr - wenn die Natur erwacht,
der weiße Schnee zur Winternacht,
die ersten warmen Sonnenstrahlen,
die morgens mir ins Fenster fallen -

das alles mag ich in der Tat,
doch was der Herbst so für mich hat,
genieße ich jahraus - jahrein.
Und immer wieder lädt mich ein,

wenn Bäume, ja, der ganze Wald,
in bunten Farben angemalt,
wenn Früchte reifen ohne Zahl,
das ist so schön. Und jedes Mal

genieße ich die kühlen Tage,
auch Wind und Regen, ja, ich sage
es immer wieder voller Freud':
Der Herbst ist meine Jahreszeit.

Wenn Blätter treiben durch den Wind,
Genieße ich es wie ein Kind.
Wenn Vögel sich zur Reise rüsten
nach Süden und zu fernen Küsten,

das finde ich so wunderbar.
Ich denke dran in jedem Jahr,
und wiederhole es erneut,
der Herbst ist meine Jahreszeit.

Ach - und die Pilze, die sich finden
und dann in meinem Topf
verschwinden
mit Petersilie, Sahne, Speck,
welch ein Genuss - schnell sind sie
weg.

Es gäbe vieles zu berichten
von wunderbaren Herbstgeschichten,
ich weiß ja nicht, wie ihr es seht
und ob es euch wie mir ergeht.

Der heiße Sommer geht gemach,
der Wald wird gläsern nach und
nach   .
Im kahlen Baum die Krähe singt:
„Der Herbst ist da!" - Wie schön das
klingt.

ÜBER DAS LESEN

(Heinrich Heine, 1797 - 1856, Schriftsteller,
Dichter, Journalist, wurde als Harry Heine in
Düsseldorf geboren, in der jüdischen Gemeinde
als Hery Heine eingetragen, evangelisch
getauft erst 1825 auf den Namen Christian
Johann Heinrich, er nannte sich dann
Heinrich)

„Von allen Welten, die der Mensch

erschaffen hat, ist die der Bücher die

122

gewaltigste", das schrieb einmal Heinrich Heine. Lag er mit seiner Ansicht dazu richtig? Ich bin fast der Meinung, ja, das ist so. Denn für mich hatten und haben Bücher -wohlgemerkt gedruckte und gebundene Bücher - und das Lesen eine besondere Anziehungskraft, das war schon immer so. In der Schule war ‚Deutsch‘ eines meiner Lieblingsfächer und damals haben wir fast alle großen Stücke, Balladen und Dramen gelesen und mit verteilten Rollen auch gespielt, dafür wurde in jenen Jahren noch die angemessene Zeit vorgesehen - zu Recht. Das fand ich also gut.

Sehr früh, noch als Jugendlicher, trat ich in den ‚Europäischen Buchklub‘ ein. Da gab es, ich meine alle vier Wochen, ein neues Buch zu erwerben.

Welche Freude, wenn das kleine Paket ankam, schon das Auspacken war etwas Besonderes, dann der erste Blick in die Seiten, der Geruch nach frischem Druck, gefolgt natürlich vom ‚Leseabenteuer'. Ein Buch in der Hand zu halten, Seite für Seite darin zu blättern und einzutauchen in die Erzählung, den Roman, das Drama, gibt es etwas Schöneres? Kaum - und für mich muss es auch heute noch ein gedrucktes Buch sein.

Wann immer ich mir später etwas wünschte - sehr oft waren und sind es bis heute Bücher. Zum 25-jährigen Berufsjubiläum wurde mir ein Wunsch erfüllt und ich erhielt ‚Meyers Großes Universallexikon' in 15 Bänden, die Lieferung der neuesten Folgen kam nach und nach über vier Jahre

hinweg - jeder Band eine Überra-
schung. Zusätzlich aber gab es aus
dem gleichen Anlass noch weit mehr,
nämlich die Ausgabe - ,Deutsche
Klassiker' - in sechzig Bänden, es war
wunderbar, auch wenn ich zugegebe-
nermaßen nicht alle und komplett
gelesen habe.

Bis zum heutigen Tage ist mir die Lust
an Büchern, am Lesen, geblieben und,
noch einmal, Hörbücher gibt es nur in
seltenen Ausnahmefällen. Nichts
ersetzt mir ein Druckwerk. Ich lese,
was mir unter die Augen, in den Sinn
kommt - alte und neue Literatur,
spannende Krimis, Biografien,
Geschichtswerke. Und dann habe ich
mir so eine kleine - für mich beson-
dere - Auswahl zusammengestellt, aus
der ich mir immer wieder etwas

heraussuche. Da gibt es so allerlei,
Homers Odyssee, Goethe und Thomas
Mann, Lenz und Grass, Mark Twain,
den Don Quijote, Robinson Crusoe,
Lederstrumpf, Moby Dick und ‚meine‘
beiden ‚Josephs‘ - Joseph Conrad und
Joseph Roth, Henning Mankell und
Stanislav Lem nicht zu vergessen,
sowie Orwell und Tolkien. Und natür-
lich auch einige Bände von Karl May,
Bram Stokers ‚Drakula‘ und Edgar
Rice Borroughs ‚Tarzan‘.

Ich zähle diese meine Bücher - es sind
ja bei Weitem nicht alle, sondern nur
ein Teil davon - nicht etwa auf, um
damit anzugeben, nein ich bin nach
wie vor und immer wieder davon
begeistert und möchte so vielleicht
eine Anregung geben. Ich finde es
traurig, wenn ich höre, dass - selbst

im Schulunterricht - immer weniger gelesen wird, dass Kinder, ja, sogar Erwachsene, Schwierigkeiten haben, überhaupt zu lesen und dann freue ich mich umso mehr, wenn ich junge Menschen sehe, die in einer Buchhandlung in Büchern schnuppern.

Lesen ist doch wie Reisen in andere, fremde Welten, andere Zeiten der Erinnerung oder Erwartung, also - Freunde - lest, reist und entdeckt.

Das hat nun vielleicht wenig mit Heinrich Heine direkt zu tun, aber es kam mir so in den Sinn, daher diese meine kurzen Zeilen zu Buch und zum Lesen.

Und als einer der schönsten Buchanfänge wurde aus Günter Grass - Der Butt - gewählt: „Ilsebill salzte nach".

NIKOLAUS KOPERNIKUS

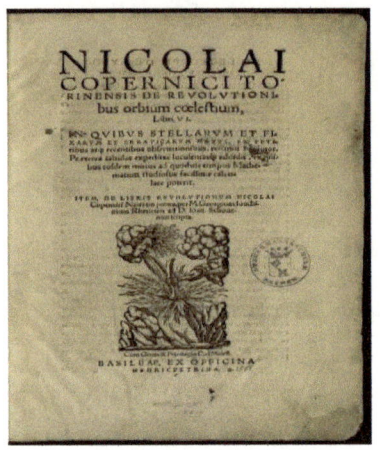

(Nikolaus Kopernikus - eigentlich Niklas
Koppernigk, 1473 - 1543, Astronom,
praktizierender Arzt, Domherr)

Nikolaus Kopernikus war nicht nur
Astronom, Arzt und Verwalter, son-
dern - christlich erzogen - auch
Domherr des Fürstentums Ermland
und Kanzler des Ermländer Domka-
pitels, also der katholischen Kirche
und deren Institutionen eng verbun-

den. Das erklärt vielleicht folgende Geschichte, die allgemein weniger bekannt ist:

Kopernikus' revolutionäre Erkenntnisse stellten das damalige Weltbild auf den Kopf - die Erde dreht sich um die Sonne und nicht umgekehrt. Doch diese, nach langen Studien und Beobachtungen erlangte ‚Entdeckung eines neuen Weltbildes' hielt der Astronom, wahrscheinlich aus Furcht vor der Strafe der katholischen Kirche, über dreißig Jahre lang geheim. Das so genannte ‚heliozentrische' Weltbild widersprach der Bibel und der kirchlichen Lehre. Erst der Vorlarlberger Mathematiker Rheticus konnte Kopernikus überzeugen, die fundamental neuen Ergebnisse seiner Überlegungen und Forschungen zu publizieren. Spät also und kurz vor seinem Tod 1543 hielt Kopernikus eines der ersten gedruckten Exemplare von ‚De revolutionibus orbium coelestium' in der Hand - ein Buch, das danach noch rund dreihundert Jahre auf dem Index der katholischen Kirche stand.

Die Sonne dreht sich um die Erde - mehr als eintausendfünfhundert Jahre galt dieses Weltbild des griechischen Astronomen Ptolemäus als unumstößliche Wahrheit. Es passte perfekt in die christliche Weltanschauung, wonach die Erde und Gottes Schöpfung das Zentrum der Welt sind. Doch es gab im ptolemäischen Kalender ein großes Problem - Daten und Jahreszeiten liefen auseinander, stimmten nicht so überein, wie sie es eigentlich sollten. Papst Leo X forderte daher eine Kalenderreform. Auch der Astronom und Universalgelehrte Kopernikus, Domherr in Frauenburg im Ermland im heutigen Polen wurde damit beauftragt. Kopernikus hatte jedoch längst entdeckt, was den Kalender berichtigen würde: Die Erde dreht sich um die Sonne!

Eine revolutionäre und bahnbrechende Theorie, die jedoch den Wissenschaftler und gläubigen Christen in einen inneren und äußeren Konflikt mit der Kirche brachte. Dreißig Jahre lang wagte Kopernikus es nicht, sein Wissen publik zu machen. Erst als Georg Joachim Rheticus und Kopernikus' Haushälterin und Lebensgefährtin, die vom damaligen Bischofskapitel geächtete und verbannte Anna Schilling, ihn dazu überredeten, seine Theorie nicht länger geheim zu halten, wurde sein Werk ‚De revolutionibus orbium coelestium - Über die Kreisbewegungen der Himmelskörper' gedruckt und erschien 1543, kurz vor seinem Tod.

Nun aber - wie kam der Mathematiker Rheticus ins Spiel, der damals mit fünfundzwanzig Jahren als Professor an der Universität Wittenberg unterrichtete? Er hatte von Kopernikus' Forschungen erfahren, sich zu Fuß auf den rund neunhundert Kilometer langen Weg zu seinem Vorbild nach Frauenburg gemacht und er wurde dort zu dessen engstem Vertrauten.

„Ohne diesen Rheticus würde vermutlich kein Mensch mehr über Kopernikus sprechen", so ein Ausspruch aus etwas späterer Zeit. Mit der Veröffentlichung seines mathematisch-naturphilosophischen Modells hat so jedoch Kopernikus' Leben seine Erfüllung gefunden. Spät hat denn auch die Kirche seine Leistung anerkannt und im Jahr 1835 verschwindet das Buch endlich aus der Liste der verbotenen Bücher der katholischen Kirche. Ja, und noch eins - maßgeblich beteiligt an der Veröffentlichung dieser neuen und weltbewegenden Theorie war auch Anna Schilling - Haushälterin und vielleicht gar die Geliebte von Kopernikus. Anna hatte schon länger vergeblich versucht ‚ihren ‚Nikolaus' zu überreden, seine Erkenntnisse zu veröffentlichen, das gelang ihr dann aber erst gemeinsam mit Rheticus. Und so haben wir es letztlich, zumindest zu einem Teil, einer von der Kirche geächteten und verbannten Frau zu verdanken, dass diese, das gesamte Weltbild verändernde Erkenntnis, in die Welt gelangt ist.

ÜBER GALILEO GALILEI

(Galileo Galilei, 1564 - 1642, Physiker,
Astronom, Philosoph, Universalgelehrter, tätig
in Pisa, Padua, Florenz. Teile seiner
Forschungen und Ergebnisse stützten sich auf
die Annahmen des Nikolaus Kopernikus)

*A*lles oder doch vieles ist bekannt,

und wenn sich jemand an Galilei
erinnert oder einen seiner Aussprüche
nennen soll, dann kommt unweiger-
lich

,EPPUR SI MUOVE' –

,UND SIE BEWEGT SICH DOCH'

Ich möchte ein wenig weg vom Wissenschaftlichen und über den Menschen Galilei reden. Da gibt es manches zu entdecken, das weniger bekannt ist. Trotzdem, es geht auch immer um Galileis Wissenschaft und Forschung.

Hier ist also ein von mir erdachtes, fiktives Gespräch im Hause Galileis im Jahre 1633, nachdem seine erste Kerkerhaft in ein Hausarrest umgewandelt wurde, wobei einige überlieferte Zitate einfließen, die als Basis dienen mögen. Eigentlich ist es ein Monolog Galileis in Anwesenheit von Frau Sarti, seiner Haushälterin und deren Sohn Andrea, Galileis Schüler.

„Sarti, ich kann nicht mehr weiter.
Bringe sie mir erst einmal ordentlich
zu essen und zu trinken - Brot -
Schinken - Käse - Wein - aber vom
Besten. Etwas ist hoffentlich noch
übrig, Ihr wisst ja, wie gerne ich
genieße und jetzt nach dem Kerker
erst recht.

Ihr, liebe Sarti, braucht Euch übrigens
nicht zu beklagen, wenn ich Euren
Sohn, unserem Andrea hier, mehr in
wissenschaftlichen Fakten als in
kirchlichen Dogmen unterrichte,
denn nur diese sind richtig und
wichtig.

Ich habe nun wirklich mein ganzes
bisheriges Leben kämpfen müssen und
gegen wen? Immer nur gegen die
Dummköpfe und gegen die Kirche.
Selbst Barberini, als Kardinal der

Wissenschaft gegenüber aufgeschlossen und ein Befürworter meiner Erkenntnisse und Veröffentlichungen - jetzt ist er Papst Urban VIII und unter falschen Anschuldigungen der Inquisition bin ich nun für ihn ein Abtrünniger und Sünder. Und die Medici sind auch nicht besser, erst preisen sie meinen ,siderius nuntius' . den ,Sternenboten', holen mich nach Florenz und dann, sobald ich meine Theorie publik mache, bin ich plötzlich auch für sie wieder ein teuflischer Ketzer.

Ihr habt es vernommen, liebe Sarti und Andrea, verurteilt mich nicht, ich bin ein schwacher Mensch geworden, Kerker und Folter ertrage ich nicht, ich bin am Ende meiner Kräfte und habe widerrufen, jedoch ohne mich innerlich zu verleugnen. Wir beide, Andrea, teilen ja schon ein Geheimnis, denn Du hast mich auf das ‚telescopium‘ dieses Jan Lipperhey aus der Provinz Zeeland aufmerksam gemacht. Du hast mir eine Ausfertigung dieses erstaunlichen Gerätes besorgt und das hat mich erst in die Lage zu neuen Erkenntnissen versetzt und ist damit die Basis meiner und unserer neuen Lehre geworden, nun, so neu ist sie ja in der Tat nicht, denke doch an Nikolaus Kopernikus.

Ich habe das besagte Wunderwerk, nochmals Dank an Dich, lieber Andrea, zwar weiter entwickelt bis hin zum 20-fachen, aber eigentlich ist es gestohlen, das weißt Du, treuer Schüler und Freund.

Lass mich Dir nun ein Weiteres anvertrauen. Ich habe meine verbotenen Schriften in großen Teilen kopiert - hier, Du reist in das freie Zeeland, um dort weiter zu forschen und Dir gebe ich mein Einziges mit. Sorge für sicheren Transport und, wenn Du es benutzt, gedenke meiner, Deines Lehrers. Das Wichtigste ist, stets aufmerksam zu sein, ständig mehr wissen zu wollen, immer wieder nachzudenken und zu hinterfragen, die Menschheit ist noch lange nicht am Ende der Entdeckungen angekommen.

Nun lasst uns darauf trinken, danke Sarti, ein gar köstlicher Tropfen!

Ich fühle, ich bin am Ende, bin schon fast blind und auch enttäuscht über meine eigene Schwäche den Papisten

gegenüber, die nur an ihr selbstge-
rechtes Wohlergehen und die Festi-
gung ihrer Macht glauben. Sie wollen
der Verstandeskraft und Erfindungs-
gabe des Menschen Grenzen setzen
und das ist falsch. Es bleibt dabei
‚und sie bewegt sich doch‘ - außerdem
- zwei Wahrheiten können sich nie
widersprechen und daraus folgt - es
gibt nur eine Wahrheit!

Und mich klagt man sogar der Sünde
an, wenn ich im Gespräch und in
einigen meiner Bücher unsere eigene
Muttersprache gebrauche ‚eppur si
muove‘ - nein, selbst das müsse die
Sprache der Kirche sein, also das
Lateinische - welch ein Unfug! Im
Kerker ging es mir in einem schwa-
chen Augenblick wahrhaftig durch
den Sinn, ich wäre womöglich tat-

sächlich ein reuiger Verbrecher an Gott und der Kirche und müsste um Vergebung und Aufnahme in Gottes Gnadenhimmel bitten.

Aber nein, ich bin kein Sünder, weder gegen Gott noch gegen die Natur. Die ist nämlich unerbittlich und unveränderlich und es ist ihr gleichgültig, ob ihre verborgenen Gründe und ihr Handeln den Menschen verständlich sind oder nicht.

Ach - ich bin müde geworden. Andrea, lass Dich noch einmal umarmen, denn Du wirst jetzt reisen mit meinem Buch und somit meinem Vermächtnis, und, liebe Sarti, ich werde dann ruhen, aber vielleicht, ganz vielleicht und trotz der ständigen Überwachung durch Papst und Inquisition, doch in Gedanken ein wenig weiterforschen. Denn niemals werde ich wohl aufhören zu staunen und dann wirklich zu begreifen beginnen - was bin ich, was ist der Mensch, was ist die Welt, was ist das Leben und welche Kräfte beeinflussen das alles. Lebe wohl - Andrea und bis später, Sarti.

ERINNERUNGEN AN GOETHE

(Das erste, handschriftlich erhaltene Gedicht
Goethes trägt die geradezu barocke Über-
schrift: "Bei dem erfreulichen Anbruche des
1757ten Jahres wollte seinen hochgeehrtesten
und herzlich geliebten Großeltern die Gesin-
nungen kindlicher Hochachtung und Liebe
durch folgende Segenswünsche zu erkennen
geben - deroselben gehorsamster Enkel Johann
Wolfgang Goethe". Angesprochen sind die
Großeltern mütterlicherseits, Johann Wolfgang
und Anna Margarethe Justine Textor, geb.
Weber. Ja, so fing alles an, und nun könnt ihr
einmal sehen, dass ich doch so einiges - teils
ein wenig abgewandelt - aus seinen Balladen
behalten habe und mit mir trage)

Ich ging im Walde so für mich hin

um nichts zu suchen, das war mein
Sinn.
Ich wollte nichts finden und suchte
auch nicht,
nur wandern und schauen im
Sonnenlicht.

Nun, manchmal, wenn man gerade
nichts sucht,
Dann findet man vieles, ja, mehr als
genug.
So ging es auch mir an selbigem Tag,
was wohl auch am herrlichen Wetter
lag.

Sah ich doch am Wege ein Röslein steh'n
so jung und so rot und so morgen-
schön.
Ich ließ es stehen, ich wollt' es nicht
brechen,
Und hatte wohl Angst, es möge mich
stechen.

Dort im lauschigen Walde, wo müßig
ich ging,
wo mich ein heimliches Rauschen
umfing,
mit guten Gedanken, es war zu schön,
kam von ferne ein Hund an, ich
konnte ihn sehn,

ein gar schreckliches Tier mit
schwarzem Fell?
Doch von Nahem war es ein
Wandergesell.

Wir sagten „Hallo" und ich dachte
mir gern:

„Das also war dann des Pudels Kern."

Etwas später gelangt' ich an einen
Teich,
am Ufer sah ich einen Angler
sogleich,
und als ich wollte vorüber mich
sputen,
da plötzlich teilten sich die Fluten

und eine Jungfrau sprang auf das
Land,
sie griff sich den Fischer und
entschwand.
Dann war es still, ich stand verwirrt
und glaubte, fast hätte ich mich
verirrt.

Da hörte ich Stimmen aus den Erlen
und Melodien, so schön wie Perlen,
die sangen fragend: „Willst Du mit
mir gehen?
Meine Töchter sollen dich warten
schön."

Fast schien es mich in das Moor zu
zwingen
bei all dem lieblichen Werben und
Singen.
Doch widerstand ich, nur weg vom
Verderben,
ich wollte ja nicht wie der Fischer
sterben.

Was war denn das, was war das
gewesen?
Ich meinte, ich sähe dort einen Besen,
der Wasser schleppte vom Fluss in ein
Haus,
über die Schwellen lief es wieder
heraus,

und eine Stimme voll Angst, zweifellos,
schrie: **'Geister, ich rief Euch, wie werd'
ich Euch los?'**
Es musste doch hier wohl ein Zauber
stecken,
denn das waren Dinge zum rechten
Erschrecken.

Mir grauste, und schnell ging ich
darauf weiter,
bald wurde mein Sinn auch wieder
heiter.
Besonders, als ich eine schöne Maid
dort stehen sah in herrlichem Kleid.

„Mein schönes Fräulein, darf ich wagen,
Arm und Geleit Euch anzutragen?"
So sprach ich sie an, und konnt' es nicht lassen,
ganz leise und zart ihre Hand zu fassen.

„Fühl doch, was dieses Herz empfindet
und reiche frei mir Deine Hand,
denn dieses Band, das uns verbindet.
es sei kein schwaches Rosenband."

So sprach ich sie an, war ich wohl zu keck?
Denn schnell war das Mädchen wieder weg.
Da stand ich nun, ich armer Tor
und war so klug als wie zuvor.

Wenig später hörte ich, ganz aus der
Nähe,
und mir war auch, als ob ich
jemanden sähe,
der sorgenvoll und so einsam sagte,
dass es traurig zu mir hinüber klagte:

„Ach, arm am Beutel und krank am
Herzen,
so schlepp ich hier meine langen Tage,
die Armut ist mir die größte Plage
und Reichtum ist das wohl höchste
Gut".

Und ich sah einen grauen, alten
Mann
mit dem Spaten mühselig graben und
dann,
sprach er ganz leise vor sich hin:
„Schatz, der du in dieser Grube drin,

bergen will ich dich jetzt sogleich,
so mach mich glücklich und mach
mich reich".
Lange hab' ich gesucht und so sehr,
jetzt bin ich müde und kann nicht
mehr".

Aber leider, vergebens war all sein
Tun
und so ließ er die Schaufel endlich
ruh'n..
Im leisen Vorbeigeh'n sagte ich:
„Möge das Schicksal beschützen Dich".

Wie herrlich leuchtet mir die Natur,
wie glänzt die Sonne, wie lacht die
Flur,
wie froh war mein Herz, der Neugier-
de voll,
was mir alles weiter geschehen soll.

Ein Veilchen dort unten am Wege
stand,
gebückt in sich und ganz unbekannt.
Ich sah es und dachte: „Du kannst
mir gefallen,
bist wohl die schönste Blume von
allen."

So könnte es ewig weitergehen,
Natur und Sonne, ein leichtes Wehen.
Weit war mein Weg heute schon
gediehen,
wie lange sollt' ich noch weiter
ziehen?

Der Abend wiegte schon die Erde,

und in den Tälern hing die Nacht.

Wie weit wohl heute der Weg mir noch

werde,

an den ich im Wandern sonst immer

gedacht.

Welch wunderlichen, welch herrlichen

Tag

in frohem Müßiggang und mit mir

allein.

ganz wie im Traum ich verbracht

haben mag?

Ach, könnt' es doch oft oder immer so

sein.

Mein Abenteuer begann vor manchen
Stunden,
zu wandern ganz ohne Zweck oder
Ziel
und doch hab' ich heute für mich
gefunden
der wunderlichsten Dinge gar viel.

Ob ich in Wirklichkeit bin gewandert
oder hab ich am Waldesrand nur
geträumt,
mein Herz ist noch voll von schönen
Gedanken,
hab Vieles erlebt und nur wenig
versäumt.

Ich suchte nichts, doch so vieles fand
ich,
war eins mit mir ganz wunderbar.
Und mit diesem Bild in mir verstand
ich,
was meistens und oft mir verschlossen
war.

ZUM GEBURTSTAG

(...und das kann man einem Freund, Partner,
Bruder, Kind - ja, jedem ein wenig älteren
Mitmenschen - leicht abgewandelt - aufsagen
und ‚schenken')

Ein guter Freund, der lud mich ein

zum Gartenfest im Sonnenschein.
Ich bin dabei und will nun wagen,
auch ein paar Worte ihm zu sagen.

Doch Worte nur sind etwas leer.
Ich dachte mir, ein Geschenk muss her
und grübelte bei Tag und Nacht,
was man für ein Geschenk wohl macht

dem Freunde, der fast alles hat,
hier draußen vor der großen Stadt.
Da war es in der Tat recht schwer,
etwas ‚Besonderes‘ sollte her.

Ich dachte nach, was kann es sein,
worüber könnte er sich freuen?
Etwas aus längst vergangenen Tagen,
Erinnerungen, die was sagen?

Es lebe die Erinnerung
an Zeiten, als wir beide jung
und ohne Furcht durchs Leben
gingen,
neugierig wohl vor allen Dingen.

An diese Zeit sollst Du jetzt denken
bei meinen kleinen Gastgeschenken.
Es war einmal, vor langer Zeit -
erinnre Dich mit Dankbarkeit!

Sehr lang bin ich umhergelaufen,
ich wollte ja etwas Schönes kaufen.
So schwer zu finden, welch ein Graus.
Schon war ich auf dem Weg nach
Haus,

da sah ich etwas vor mir liegen
und dachte, ja, das musst du kriegen.
In einem Laden im Regal,
da traf ich endlich meine Wahl.

Und schon war es in meiner Hand,
was ich nach langem Suchen fand.
Ganz glücklich ging ich dann nach
Haus,
ich packte das Geschenk erst aus

und danach packt' ich's wieder ein
die Überraschung sollt es sein.
Du wirst es sehn es ist nicht groß,
passt überall hinein - famos!

Gut für den Mund und für den Magen,
Du kannst es immer bei Dir tragen.
Leicht ist es und auch eher flach,
ganz so, wie man es haben mag.

Beim Gehen oder wenn Du sitzt,
bei Kälte oder wenn Du schwitzt,
bei Tag und mitten in der Nacht,
es immer große Freude macht.

Auf Reisen oder auch zu Haus -
ein Ohren- und ein Gaumenschmaus!
Und - wie gesagt - seit langen Zeiten
kann es den Menschen Freud'
bereiten.

Und dieses kleine Wunderwerk,
das ich hier hinter mir verberg',
so köstlich, spritzig, fein wie Sand -
es liegt doch wirklich auf der Hand,

was endlich ich für Dich gefunden
nach langem Suchen, vielen Stunden.
Sekunden noch, Du wirst es sehen
und dann ist es um Dich geschehen.

Kein kühles Bier und auch kein Wein,
selbst Bücher lass ich diesmal sein.
Obst, Früchte, Blumen - heute nicht,
die Neugier steht Dir im Gesicht.

Ich sehe schon, Du bist gebannt,
so nimm es denn aus meiner Hand.
Es ist, Du siehst, ein kleiner Scherz,
jedoch ich schenke es mit Herz.

Genug der Spannung, jetzt ist klar,
dies kleine Ding ist wunderbar!
Ich möchte, dass es Dich erfreu –

DAS BRAUSEPULVER VON ‚AHOJ'!

DAS LIED DER NASE

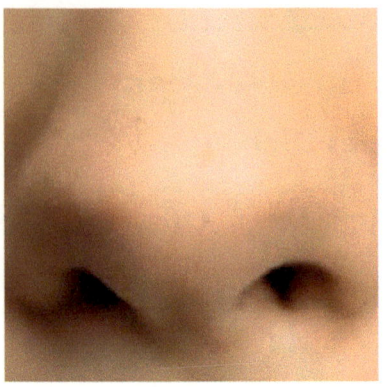

(Heinz Erhard reimte einmal „Wenngleich die
Nas' ob spitz ob platt, zwei Flügel - Nasenflügel
- hat, so hält sie doch nicht viel vom Fliegen,
das Laufen scheint ihr mehr zu liegen")

......Und das muss meine Nase wohl

irgendwo gehört und beschlossen

haben, in diesen Tagen auch einmal

zu laufen. Harmlos fing es an, so, als

wenn sie erst einmal probieren wollte,

ob sie denn gehen oder sogar laufen

könnte, und in der Tat, es gelang ihr

und so sprach meine Nase zu sich
selbst:

Ich schaute in den letzten Tagen
bei meinesgleichen oft umher,
was andere Nasen denn so sagen,
das interessierte mich schon sehr.

Tatsächlich musste ich erkennen,
dass viele Nasen - sehr aktiv -
am Laufen waren und am Rennen,
wie schön für mich, wie attraktiv.

Im Kaufhaus an der Kassenschlange
roch ich nach rechts und dann nach
links
und musste warten gar nicht lange -
ein erstes Niesen - und los ging's.

Da sah ich doch ein süßes Näschen,
das ziemlich nahe bei mir lief
und mich mit einem leisen Niesen
schon zum Zusammenlaufen rief.

Das ließ ich mir nicht zweimal sagen,
ich rief sofort zurück ‚Hatschi!'
und etwas weiter - ohne Fragen -
da gab es Antworten - und wie!

Es liefen schon so viele Nasen
und andre wollten auch noch mit.
Welch ein Trompeten, welch ein
Blasen,
schon liefen wir im gleichen Tritt.

Und uns're Menschen, selbst beim Shoppen,
mit Tüchern aus Papier sodann,
die wollten unsren Lauf schnell stoppen,
doch half es nicht, wir waren dran.

Welch eine Freude, wenn so viele
nun liefen auf und auch davon
mal schnell, mal langsam - gleiche Ziele
es war ein Lauf wie Marathon.

Letztendlich mussten wir uns trennen
und jede lief dann nur für sich,
tat schnupfen, niesen, weiterrennen,
es war zu schön, zu wunderlich.

In ein paar Tagen, das am Rande,
gab's keinen Platz landauf - landab
in unsrer Stadt, im ganzen Lande,
an dem's nicht Nasenlaufen gab.

Das wurde irgendwann zu viel
und schwächer wurden wir vom Lauf,
denn wir erreichten unser Ziel,
dort hörten wir dann endlich auf.

Müde vom Laufen gab es Ruh.
Einmal noch seufzt' ich leise auf.
Sanft machte ich die Löcher zu
und träumte schon vom nächsten
Lauf.

IN DER NACHT

(Irgendwann las ich ähnliche Verse, weiß
nicht mehr wann oder von wem. Und so
bastelte ich mir daraus folgende Geschichte)

Es war einmal, in einer dunklen

Nacht.

Ich war sehr spät am Bahnhof

angekommen.

Kein Taxi mehr, kein andrer Mensch,
der wacht.
Ich sah auf meine Uhr und fragte
mich beklommen:

Wie geht's am besten wohl nach Haus?
Den weiten Weg dorthin, den
unbequemen,
zu Fuß - zu weit - zu mühevoll - oh
Graus,
muss ich mir hier dann ein Hotel wohl
nehmen?

Der letzte Autobus, schon lange er
entschwand,
es war halb eins, ich fluchte vor mich
hin.

Da sah ich, dass noch eine Dame
stand,
auch wartete, und mir kam in den
Sinn,

ich fragte sie: „Hallo, Sie wollten
sicherlich....?"
„Ja," sagte sie, „auch mit dem Bus
noch fahren.
Und jetzt allein zu gehen, fürcht' ich
mich,
man hört doch oft, dass gerade
Frauen in den besten Jahren...."

Ich bot mich an, ich bin ein Mann der
Tat,
warum? - sie war doch so alleine -
mir schien, sie hatte auch Format.
Schon legte sie vertraut dann ihre
Hand in meine.

Ihr Alter? Unklar in der Finsternis,
obwohl ich es ganz gerne wissen
wollte,
ich weiß nur noch, dass sie beim
Küssen biss
und dass ich Claudia zu ihr sagen
sollte.

Sie sei verheiratet, jedoch ihr Mann
sei dreißig Jahre älter und auch oft
auf Reisen,
schnell überlegte sie und sagte dann,
wir könnten noch ein wenig bei ihr
speisen.

174

Ich sagte ‚ja‘, Bedenken gab es keine,
wir waren in der Nähe ihrer Straße,
sie hatte wirklich wunderschöne Beine
und überhaupt die idealen Maße.

Vor ihrem Hause bat sie mich,
die Schuhe auszuziehen, „vermutlich
knarrt meine Treppe wieder
fürchterlich –
mein Ruf ist gut, doch sind die
Nachbarn vorsintflutlich.“

Es kam mir dennoch etwas seltsam
vor,
ich schlich ihr nach und löschte oben
meine Kippe.
Sie sagte: „Ach, sie freue sich auf
mich"
und biss mir wieder in die Unterlippe.

Dann suchte sie nach ihrem
Schlüsselbund,
doch eh' sie es gefunden hatte,
da öffnete ein Mann von innen, und,
wie ich dann merkte, war der Herr ihr
Gatte.

Er sagte, er sei wieder mal im Land
und freue sich, mich endlich mal zu
sehen,
er fände alles wirklich interessant,
ich solle doch mit ihm ins Zimmer
gehen.

Er zog mich mit sich, freundlich, doch
bestimmt,
dabei war seine Freundlichkeit nicht
übertrieben,
ich schaute Claudia noch einmal
fragend an,
doch ihr, so schien es, war die
Stimmung weggeblieben.

Dagegen ging er, ruhig, ohne Zorn,
sofort daran, den ersten Kork zu
extrahieren.
Ich machte gutes Minenspiel zum
schlechten Korn
und musste mich mit ihm fraternisie-
ren.

Er habe neulich eine ganze Nacht
auf einem Kragenknopf von mir
gelegen.
Das habe ihm jedoch nichts
ausgemacht,
er sage mir das nur der Ordnung
wegen.

Ich war vom Trinken leicht benebelt
schon,
er öffnete sofort ‚ne neue Flasche,
er nannte mich ‚verehrter
Kompagnon‘,
und Claudias Gesicht war bleich wie
Asche.

Die Nacht ging fort, ich schlief - ich
wurde wach,
und wollte mich nun doch entfernen.
Von Claudia keine Spur, ich dachte
nach,
vorbei war das geplante Kennen-
lernen,

was schade war, ob sie mir etwa
grollte?
Denn Claudias Plan ging wirklich
voll daneben,
war ganz bestimmt nicht so, wie sie es
wollte,
was sollt' ich machen - ja, so war es
eben.

Der Gatte war besonders nett zu mir,
doch hatte er den Plan total
verbogen.
Ich nahm mir dankbar meine Schuhe
vom Klavier,
hab sie erst draußen wieder ange-
zogen.

Mein Weg nach Hause, einsam dann
und weit -
doch als ich schließlich an der
Haustür stand nach Stunden,

da war ich wieder klar und ruhig
nach der Zeit
und dachte mir, ich hätte nur
geträumt - Ein Traum, ein Traum -
entschwunden.

BISMARCK ODER MATJES

Geh ich zum Essen, geh zu Tisch,

dann esse ich sehr gerne Fisch.
Zu Karpfen ‚grün' oder gebraten,
zu Kabeljau ist auch zu raten.

Forelle ‚Müllerin' ist fein,
auch frischer Wildlachs darf es sein.
Ein Fischer hat einmal gesagt,
als ich im Hafen ihn gefragt:

„Der Hering ist der beste Fisch."
Ob eingelegt oder ob frisch,
sei er geräuchert und gebraten,
zu Hering kann man immer raten.

Und gäb' es nicht so viel davon,
dann wäre er die Sensation.
Schon Bismarck kriegte nie genug,
aß zwanzig Stück in einem Zug.

Als Matjes kommt der Hering - und
schon läuft das Wasser mir im Mund -
aus Holland oder Glückstadt her,
wie wunderbar - ich brauch nicht
mehr.

Ich denke, ja, der Mann hat recht.
Dabei verlieren Butt und Hecht.
Egal wieviel ich davon esse,
Hering ist die Delikatesse!

Wir kennen das hier an der Küste,
als ob nicht jeder davon wüsste.
Doch kurz will ich den Fisch vergessen
und seh'n, was andre Menschen essen.

In Asien kann man trefflich speisen,
auch wenn man weit dafür muss
reisen.
Doch gibt es dort auch manche
Sachen,
die anders sind, doch Freude machen.

Zum Beispiel Hund und Rinderhoden,
auch Frösche werden angeboten.
Lebende Krabben, sehr gesund,
die zappeln noch in meinem Mund.

Natürlich könnte ich berichten
noch von manch anderen Gerichten,
ob Vogelkopf, ob Schlangenblut,
das alles tut dem Magen gut.

Ihr seht, ich habe viel Erfahrung,
doch jetzt komm ich zurück zum
Harung.
Denk ich an diesen in der Nacht,
bin ich um meinen Schlaf gebracht.

Ich riech' im Traum, wenn ich entspanne,
den Duft von Hering in der Pfanne,
viel köstlicher als Frosch und Schlange
ist dieser Fisch - und das schon lange.

Guten Appetit!

ZEIT UND ALTER

Ich möchte einmal etwas über Zeit
und Alter nachdenken. Wenn über die
Zeit, dann nicht im Sinne von Ein-
steins Relativitätstheorie oder den
Phänomenen, die sich bei Bewegun-
gen im Weltall ergeben.

Wenn über das Alter, dann - nun - ich
sehe meine Jahre und da ertappe ich
mich dabei, dass ich mich sehr viel

häufiger als in vergangenen Jahren damit beschäftige, und so lasse ich an dieser Stelle meinen Gedanken einmal freien Lauf, einfach und ganz subjektiv.

Zeit und Alter - natürlich, die gehören ja zusammen und, oberflächlich gesehen, beschäftigt sich bestimmt jeder Mensch, bewusst oder unbewusst, ständig damit.

„Meine Güte, wie lange dauert denn das?" -

„Wenn doch nur schon das Wochenende da wäre, die Zeit vergeht ja überhaupt nicht." -
„Schon wieder Freitag, wo ist nur die Woche geblieben?" -

„Schon ist unser Urlaub zu Ende, die Zeit ist viel zu schnell vergangen."

Zu langsam - zu schnell? Dieser
Gegensatz und ähnliche Empfindun-
gen begleiten uns ständig, ganz
abgesehen davon, dass wir uns über
die Maßen häufig fragen - „Wie spät
ist es eigentlich?" - und dabei fällt
der Blick auf die Uhr, an der Hand,
am Kirchturm, auf dem Bahnsteig
oder auf dem Handy, wo auch immer
heutzutage die Zeit angezeigt wird,
und sei es am Küchenherd. Überall
verfolgt die Zeit den Menschen und
dieser seinerseits die Zeit - er will, ja,
anscheinend muss er wissen, wie spät
es in jedem Augenblick ist, um dann
für sich zu entscheiden, ob sie ihm
schnell vergeht oder langsam, ob er
warten muss oder zu eilig ist.

Es ist schon ein rechtes Übel, das mit
der Zeit, heutzutage sicher mehr als

vor langen Jahren, als sich die Menschen noch nach Sonnenaufgang und Sonnenuntergang richteten oder dort, wo es für Völker oder Stämme, abgeschieden von Rest der Welt, auch heute immer noch so ist.

Auf jeden Fall, und das ist eine Binsenweisheit, wird die Zeit von jedem Menschen und in jeder Situation anders wahrgenommen - einmal vergeht sie zu schnell, dann wiederum zu langsam. Mit Recht wird der eine oder andere nun sagen ‚aber das ist doch klar'. Ja, das ist es in der Tat, warum also überhaupt solche Überlegungen an dieser Stelle - sind sie überflüssig, rauben sie mir die Zeit? Da - schon wieder diese Verknüpfung, wir kommen einfach nicht davon los, ob wir es wollen oder nicht. Und so denke ich mir, es ist gut, wenn wir einfach einmal kurz innehalten und darüber nachdenken.

Vom ‚Glück der Muße' las ich einmal. Und es kann glücklich machen, wenn wir uns bewusst vom Zeitenrasen ablösen und einfach gar nichts tun, so wie Max Raabe es besingt, vielleicht kennt ihr das Lied: "Heut mach ich gar nichts, keinen Finger krumm …und liege hier einfach nur so rum," - na gut, doch das Schöne daran ist ja, dass Ruhe und Muße, abgesehen vom Erholungsfaktor, auch zu Kreativität führen, also absolut nicht als verschenkte oder verlorene Zeit zu betrachten sind - ganz im Gegenteil, denke ich.

Nun, das lasse ich jetzt einmal einfach so stehen, fürs Erste, denn ich komme auf den zweiten, eng mit der Zeit verbundenen, Punkt zurück, nämlich das Alter.

Ach du meine Güte- mag so mancher jetzt denken, auch das noch! Ist ja richtig, zumindest teilweise, doch lasst mich ein paar Gedanken dazu formulieren, die mir durch den Kopf gehen, und zwar mehr und mehr mit zunehmendem Alter. Klar, es gibt zahllose Betrachtungen, Abhandlungen, Bücher über dieses Thema an sich - aber, sei's drum - ich versuche es einmal für mich.

Ich habe nun fast das Alter meiner Eltern und Großeltern erreicht. Wenn ich ziemlich oft höre „dein Alter sieht man dir überhaupt nicht an", dann freue ich mich ein wenig, es ist ja nicht mein Verdienst, doch ich denke

auch an meinen eigenen Eindruck,
wenn ich in den Spiegel schaue oder
wenn mich die altersbedingten ‚Weh-
wehchen' zwicken. Ich muss auch
feststellen, dass mehr und mehr
Menschen aus meiner Umgebung die
Welt verlassen, oder unter Krank-
heiten leiden, von denen ich bisher
verschont wurde - das ist ein bedeut-
sames Privileg, dafür bin ich sehr
dankbar. Mir geht es gut in diesen
Tagen. Aber - die Zeit vergeht, ich
werde älter, ich bin alt, und habe
schon sehr viel länger gelebt als die
meisten Menschen. Ist das verdient?
Wenn ja - womit denn?

Ist es ein einfacher oder gesunder
Lebenswandel gewesen? Das bei mir
über die Jahre eher nicht. Ist es die
Ruhe, die ich mir manchmal gönne

oder sind es gerade die Aktivität, die Unruhe, ja, auch die Ungeduld, die mich lebendig hielten und halten? Zugegeben - ich weiß es nicht, es ist einfach so, unverschuldet - unverdient.

Da gibt es einen Spruch aus der Bibel - Psalm 90, meine ich - der sagt: „Unser Leben währet siebzig Jahre und wenn es hoch kommt, so sind es achtzig Jahre und wenn es köstlich gewesen ist, so ist es Mühe und Arbeit gewesen, denn es fährt schnell dahin, als flögen wir davon."

Gar nicht so dumm - nein - ziemlich klug, was dort gesagt wird und da nehme ich dieses Zitat doch mal zum Anlass für ein paar weitere Gedanken.

Nun ja, das da genannte Alter habe ich überschritten und möchte auch

noch weiterwandern und dann - war
es ‚köstlich' - ist es ‚Mühe und Arbeit
gewesen?' Ich finde für mich - ‚Arbeit'
ja - aber ‚Mühe' eher nicht, denn ich
hatte einen für mich so interessanten
Beruf, der mir vieles ermöglicht und
gegeben hat und den ich über die
Maßen geliebt und ‚gelebt' habe, zu
Zeiten manches Mal vielleicht zu sehr.
Daher meine ich auch, dass die
‚Arbeit' ihren Teil zu meinem Befin-
den beigetragen hat, wobei ich
‚Arbeit' übrigens niemals als Frohn
oder unvermeidliche Belastung
empfunden habe, im Gegenteil - sie
gehörte für mich ebenso zum Leben,
wie die Freizeit, jedes hat seine
Bedeutung, seine Berechtigung
nebeneinander. Sogar in diesen
Zeiten, also lange nachdem ich
aufgehört habe, mich beruflich zu

engagieren in einer Firma oder, wie zuletzt für einige Jahre, aus dem Privaten, ja, da freut es mich, wenn ich von ‚alten Freunden‘ und früheren Partnern höre, die sich, genau wie ich, an gemeinsame Zeiten erinnern. Das alles nimmt also für mich eine große, vielleicht sogar auch ‚lebensverlängernde‘ Stellung ein.

Ein anderer Gedanke führt mich zu der Frage eines ‚gemeinsamen‘ Altwerdens zusammen mit einem Menschen, einem Partner. Nun, das hat es für mich nicht so ganz gegeben, denn meine erste Partnerschaft endete abrupt, ohne die Chance für ein gemeinsames Altwerden, bescherte mir jedoch meine geliebten Söhne. Aber das Leben hatte anderes für mich vorgesehen, das Schicksal schenkte mir eine weitere Chance mit einem neuen Lebenspartner und einer wunderbaren Tochter dazu. Zugegebenermaßen war es anfangs nicht immer leicht, es gab ‚Aufs‘ und ‚Abs‘ für beide und bedurfte gar mehrerer Anläufe, doch jetzt bin ich glücklich, dass es ist, wie es ist und ich jemanden um mich habe, der auf mich achtet und mich begleitet und das – von uns beiden gewünscht und erhofft – bis zu einem Ende, an dem jeder für den anderen da ist. Und so wird für mich ein gemeinsames Altwerden Wirklichkeit.

Mich beschleicht manchmal der Gedanke, vielleicht sogar die entscheidende Frage, wie es wohl sein wird, wenn ein Ende näherkommt, und das könnte im Grunde jeden Tag, ja, jede

Stunde geschehen. Es ist mir ein
großer Trost, dass dann meine liebe
Frau an meiner Seite und für mich da
sein wird, so wie ich, das wünsche ich
mir, für sie. Ich bin im Grunde opti-
mistisch, habe mir vorgenommen, ein
biblisches oder gar ‚überbiblisches‘
Alter zu erreichen, wir werden ja
sehen. Aber es gibt auch Stunden, in
denen ich eine gewisse Besorgnis,
sogar Angst, spüre, wenn ich an die
letzten Stunden denke. Ein Ende ohne
Leiden wünsche ich mir, vielleicht so,
wie es meinem Vater erging, mit dem
ich bei Fußball im Fernsehen und
einer Flasche Wein einen schönen
Abend verbringen durfte und der am
nächsten Morgen einfach umfiel, ich
schloss ihm die Augen, eine unver-
diente, jedoch tief empfundene Ehre.
So schwer es dann auch für meine

Mutter war, ein solches Ende wünsche ich mir.

Und wenn es so weit ist - was geschieht dann? Ein ewiges Leben, eine Wiederauferstehung, ein Wiedersehen mit meinen Vorfahren kann ich mir nur schwer vorstellen, ebenso wenig, wie einen allmächtigen Gott, der richtet und Gut und Böse trennt, belohnt oder bestraft bis in alle Ewigkeit. Ewigkeit ist sowieso ein unvorstellbarer Begriff - immer, immer, immer und ewig - bis in die Unendlichkeit, für mich nicht begreifbar.

Ich denke eher an ein ‚Leben nach dem Tod' in den Gedanken der Menschen, die mich im Gedächtnis behalten. Ein altes ägyptisches Sprichwort - ich las es einmal - sagt:

„Ein Mensch lebt, wenn sein Name genannt wird."
Und in einem jüdischen Gebet heißt es über die verstorbenen Freunde
„Solange wir leben, werden auch sie leben, denn sie sind nun immer ein Teil von uns, wenn wir uns an sie erinnern".
Das bedeutet doch, solange an mich gedacht wird, solange mich Menschen in ihren Gedanken behalten, lebe ich weiter, wie lange es auch immer dauern mag. Das ist dann zwar keine Ewigkeit, sondern eine relativ über- schaubare Zeit, aber immerhin doch eine Zeit, irgendwie dem menschli- chen Leben angemessen.

Manches Mal denke ich über ‚Gott‘ nach, mein Verständnis über und mein Verhältnis zu ihm, wenn es denn so etwas wie ein Verhältnis geben kann. Als einen uralten Mann, einem dem Menschen ähnlichen Wesen, kann ich ihn mir nur schwer vorstellen, obwohl - die Bibel sagt ja: „Gott schuf den Menschen als sein Bild, als Bild Gottes erschuf er ihn", doch diese und ähnliche Bilder sind ja auch von Menschen erdacht und geschaffen worden. Und nimmt man den Bibelpsalm wörtlich „der Mensch ist das Bild Gottes, Gott erschuf den Menschen als sein Ebenbild", sind dann nicht Gott und Mensch identisch oder sind solche Gedanken frevelhaft?

Wenn ich jedoch an etwas wie ein Zentrum, eine Kraft denke, die alles bewegt und beeinflusst, das unermessliche Weltall und die kleine Erde mit allem, was darauf ‚kreucht und fleucht', dann ist mir eine solche Vorstellung schon näher, auch wenn für mich und wohl die meisten Menschen das, was alles zusammenhält, unsagbar und unerklärlich erscheint. Bin ich, so frage ich mich selbst, denn nun ein Atheist, oder ist einfach nur meine Vorstellung über Gott eine andere, als in der Bibel und den Religionen dargestellt? Die Antwort auf meine Frage an mich selbst ist schwierig, besonders wenn ich mich manchmal dabei ertappe, so in etwa zu denken: „Aber vielleicht ist da ja doch jemand - ein Wesen, dem Menschen und seinen Empfindungen ähnlich, der....", weiter komme ich selten oder gar nicht, da stoße ich an Grenzen.

Doch bei einer solchen, oben beschrie-
benen ‚Kraft‘, wie immer sie beschaf-
fen sein mag, entfallen dann auch
Vorstellungen von Gnade oder
Bestrafung, von Himmel oder Hölle,
bei einem sogenannten ‚Jüngsten
Gericht‘. Eher treten Himmel und
Hölle schon auf der Erde und wäh-
rend eines individuellen Lebens in
Erscheinung. Dass die uralten Regeln
eines guten gemeinschaftlichen
Zusammenlebens, aufgeschrieben zum
Beispiel in den ‚Zehn Geboten‘, für das
Wohl und Wehe der Menschen ihre
Gültigkeit haben, bleibt unbenom-
men. Wie häufig dann ‚der Mensch‘
diesen Geboten zuwiderhandelt, und
das geschieht ständig und immer
wieder, kann dann logischerweise
‚Himmel und Hölle‘ bedeuten - und
das hier auf der Erde.

Übrigens - und das Beten? Auch wenn ein Mensch beginnt „Lieber Gott, bitte hilf mir...," dann ist das unbedingt etwas Schönes und Positives, du denkst vielleicht nach über das, was du am Tage falsch gemacht hast, was dir Gutes widerfahren ist, was du dir wünscht für dich und andere - das an sich ist schon etwas Wunderbares, an wen auch immer du so ein Gebet richten magst.

So - nun habe ich einige Gedanken über das Alter - mein Alter - verloren - und dabei sind die an den Anfang gestellten ‚Zeit' und ‚Alter' eng und untrennbar verbunden, wie kann es auch anders sein.

Denn jedem Wesen, sei es Mensch, Tier oder Pflanze, der Welt, dem ganzen All, diesem vielleicht in Trillionen

Jahren - doch wohlgemerkt nicht in Ewigkeit - wird das geschehen, die Zeit wird enden und damit ist für alles das irgendwie vorbestimmte Alter erreicht.

ALS ZUGABE - POESIE

(Nachdem ich nun selbst etwas gereimt und aufgeschrieben habe, möchte ich zum Ende aus einer großen Auswahl einige Gedichte aufschreiben, die ich schön finde, die mir eine ganz bestimmte Stimmung, ein Gefühl beschreiben. Auch je ein englisches, französisches, spanisches und indonesisches sind dabei. Ich wundere mich, wie diese - besonders das englische, französische und spanische aus der Schulzeit so lange über- dauern konnten und wünsche mir, dass diesen wunderschönen Zeilen auch die heutige, schnelle und schnelllebige Zeit nichts anhaben kann - sie sind Poesie!)

THEODOR STORM – ABSEITS

Es ist so still. Die Heide liegt
im warmen Mittagssonnenstrahle.
Ein rosaroter Schimmer fliegt
über die alten Gräbermale.
Die Kräuter blühn, der Heideduft
steigt in die blaue Sommerluft.

Laufkäfer hasten durchs Gesträuch
in ihren goldnen Panzerröckchen,
die Bienen hängen, Zweig um Zweig,
sich an der Edelheide Glöckchen.
Die Vögel schwirren aus dem Kraut,
die Luft ist voller Lerchenlaut.

Ein halbverfallen niedrig Haus
steht einsam hier und
sonnbeschienen,
der Kätner lehnt zur Tür hinaus
behaglich blinzelnd nach den

Bienen.

Sein Junge auf dem Stein davor
schnitzt Pfeifen sich aus Kälberrohr.

Kaum zittert durch die Mittagsruh
ein Schlag der Turmuhr, der
entfernten.
Dem Alten fällt die Wimper zu,
er träumt von seinen Honigernten.
Kein Klang der aufgeregten Zeit
drang noch in diese Einsamkeit.

THEODOR STORM - MEERESSTRAND

Ans Haff nun fliegt die Möve
und Dämmerung bricht herein.
Über die feuchten Watten
spiegelt der Abendschein.

Graues Geflügel huschet
neben dem Wasser her.
Wie Träume liegen die Inseln
im Nebel auf dem Meer.

Ich hör' des gärenden Schlammes
geheimnisvollen Ton
einsames Vogelrufen,
so war es immer schon.

Noch einmal schauert leise
und schweiget dann der Wind.
Vernehmlich werden die Stimmen,
die über der Tiefe sind.

RAINER MARIA RILKE - HERBSTTAG

Herr, es ist Zeit, der Sommer war sehr
groß.
Leg deinen Schatten auf die
Sonnenuhren
und auf den Fluren lass die Winde los.

Befehl den letzten Früchten, voll zu
sein,
gib ihnen noch zwei südlichere Tage,
dränge sie zur Vollendung hin und
jage
die letzte Süße in den schweren Wein.

Wer jetzt kein Haus hat, baut sich
keines mehr.
Wer jetzt allein ist, wird es lange
bleiben,

wird wachen, lesen, lange Briefe
schreiben
und wird in den Alleen, hin und her,
unruhig wandern, wenn die Blätter
treiben.

FRIEDRICH HEBBEL - HERBSTBILD

Dies ist ein Herbsttag, wie ich keinen
sah.
Die Luft ist still, als atmete man
kaum.
Und dennoch fallen raschelnd, fern
und nah,
die schönsten Früchte ab von jedem
Baum.

Oh, stört sie nicht, die Feier der Natur.
Dies ist die Lese, die sie selber hält,
denn heute löst sich von den Zweigen
nur,
was durch den milden Strahl der
Sonne fällt.

PAUL VERLAINE –

CHANSON D'AUTOMNE

Les sanglots longs
des violons de l'automne
blessent mon coeur
d'une longeur
monotone.

Tout suffocant
et blême, quand
sonne l'heure,
je me souviens
des jours anciens
et je pleure.

Et je m'en vais
au vent mauvais,
qui m'emporte.
Deçà, delà,
pareil à la
feuille morte.

WILLIAM WORDSWORTH –

THE SOLITARY REAPER

Behold her, single in the field,
yon solitary highland lass!
Reaping and singing by herself,
stop here or gently pass!

Alone she cuts and binds the grain
and sings a melancholy strain.
O listen! for the vale profound
is overflowing with the sound.

No nightingale did ever chaunt
more welcome notes to weary bands
of travellers in some shady haunt
among Arabian sands.

A voice so thrilling ne'er was heard
in springtime from the cuckoo bird,
breaking the silence of the seas
among the farthest Hebrides.

Will no one tell me what she sings?
Perhaps the plaintive numbers flow
for old, unhappy, far-off things
and battles long ago.
Or is it some more humble lay,
familiar matter of today,
Some natural sorrow, loss or pain,
that has been and may be again?

Whate'er the theme, the maiden sang,
as if her song could have no ending,
I saw her singing at her work
and o'er the sickle bending.

I listened, motionless and still,
and, as I mounted up the hill,
the music in my heart I bore
long after it was heard no more.

ANTONIO MACHADO -

CAMINANTE NO HAY CAMINO

Todo pasa y todo queda,
pero lo nuestro es pasar,
pasar haciendo caminos,
caminos sobre el mar.

Caminante, son tus huellas
el camino, y nada mas;
caminante, no hay camino,
se hace camino al andar.

Al andar se hace camino,
y al volver la vista atrás
se ve la senda que nunca
se ha de volver a pisar.
Caminante, no hay camino,
sino estelas en la mar.

GESANG MARTOHARTONO –

BENGAWAN SOLO

Bengawan Solo,
riwajatmu ini,
sedari dulu jadi perhatian insani.

Musim kemarau,
tak seb'rapa airmu,
di musim hujan air
meluap sampai jauh.

Mata airmu dari Solo,
terkurung gunung seribu,
air mengalir sampai jauh,
akhirnya ke laut.

Itu perahu,
riwantmu dulu,
kaum pedagang selalu
naik itu perahu.

MASCHA KALEKO –
SOZUSAGEN GRUNDLOS VERGNÜGT

Ich freu mich, dass am Himmel
Wolken ziehen
und dass es regnet, hagelt, friert und
schneit.
Ich freu mich auch zur grünen
Jahreszeit,
wenn Heckenrosen und Holunder
blühen.
Dass Amseln flöten und dass Immen
summen,
dass Mücken stechen und das
Brummer brummen.
Dass rote Luftballons ins Blaue
steigen,
Dass Spatzen schwatzen und dass
Fische schweigen.

Ich freu mich, dass der Mond am
Himmel steht
und dass die Sonne täglich neu
aufgeht.
Dass Herbst dem Sommer folgt und
Lenz dem Winter,
gefällt mir wohl, da steckt ein Sinn
dahinter.
Wenn auch die Neunmalklugen ihn
nicht sehn.
Man kann nicht alles mit dem Kopf
verstehn!
Ich freue mich, das ist des Lebens
Sinn.
Ich freue mich vor allem, dass ich bin.

In mir ist alles aufgeräumt und
heiter.
Die Diele blitzt, das Feuer ist geschürt.
An solchem Tag erklettert man die
Leiter,

die von der Erde in den Himmel führt.

Da kann der Mensch, wie es ihm
vorgeschrieben,

weil er sich selber liebt den Nächsten
lieben.

Ich freue mich, dass ich mich an das
Schöne

und an die Wunder niemals ganz
gewöhne,

dass alles so erstaunlich bleibt und
neu,

Ich freue mich, dass ich.... dass ich
mich freu.